期貨超入門 ①

台指期當沖

50 SMA、20 SMA、MACD

三條線，搞定進場時機

新米太郎、文喜 合著

目錄

目錄

出版緣起

你們公司有做期貨的書嗎？

因著「股票超入門系列」１～１３輯的發行並受市場喜愛，辦公室幾乎天天都接得到類似的詢問電話。

雖然我們可以向讀者回答「股票跟期貨要學的技術差不多，建議您可以……」但事實上，股票跟期貨在操作面還是差很多！

就實務上，股票投資可以透過基本面長期持有某一項標的，但期貨絕大多數都是短線交易，投資人要著重在制定交易策略與執行交易策略，雖然兩者都必需了解諸如基本面、技術面、籌碼面等等，但就務實的一面來看，兩者的交易心態是大相逕庭的。

一般說來，期貨交易比股票難，因為期貨變動大、槓桿高，通常期貨交易者都有過相當股票投資的經驗，但股票投資人則不一定有期貨交易的經驗，或許是這一層因素，市面上的期貨學習書都偏厚且偏難。這也許是編者認為期貨交易是門高深的技術，得深入解析吧！

這一點我們當然不反對。

但是否可以把它編寫得更系統化、更清楚、更好用而直接呢？

經過了編輯部的努力邀稿與不斷的企畫修訂，「期貨超入門」正式推出。

就像前面所提過的，通常期貨投資人都有股票交易的經驗，所以，許多投資交易的基本常識因為在「股票超入門」書系中內容已經寫過了，在「期貨超入門」書系就不再重複。這樣，每一本期貨超入門就可以用更簡要的方式陳述期貨的交易方法。

這本書是「期貨超入門」的第一輯。看到標題，讀者可能會想「不就是移動平均線及 MACD 嗎？都是一些常見的技術指標！」

也許這兩個指標你再熟悉不過了，但應用在期貨交易上，你怎樣「整套搭配」、如何「擬定戰略」成為你獲利的工具？很多人都沒有整體的去想過並應用，而這就是本書的重點。

期貨要做得好並不容易，但它的應用指標並不一定就是很難的東西，未來，我們將陸續推出適合期貨投資人應用的學習書。

就讓「期貨超入門」陪著投資人一起賺錢吧！

恆兆文化編輯部

Chapter 1

移動平均的
順勢交易

▶Point 01 順勢或逆勢

交易的形態有「順勢」及「逆勢」操作。

- 順勢……配合價格的走勢進行介入。
- 逆勢……逆著價格的走勢進行介入。

順勢操作是在價格上升時，進行買進；在價格下跌時，進行賣出。

逆勢操作是在價格上升時，進行賣出；在價格下跌時，進行買進。

因為順勢操作的情形是一種乘勢操作的形態，若目前的趨勢持續的話，就能獲利。

相反地，因為逆勢操作的情形和走勢相違背，投資人進行介入時，若目前已經形成的趨勢不變的話（或暫時走勢不變的話），就無法獲利。

筆者建議，在股票的交易上，順勢操作及逆勢操作可以各佔一半。然而，在期貨操作上，因為槓桿倍率大，九成比例要採順勢操作。這是因為順勢操作比較容易介入，也比較容易獲利。

為了避免發生大的損失，經常能有獲利，順勢操作會比較好！

▶ 圖 01　順勢和逆勢的差異

順勢的買進

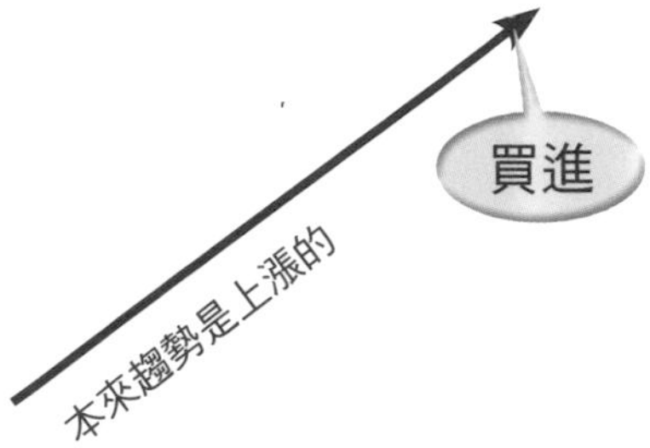

也就是看到行情上漲了，就加入多頭一方買進。

順勢的賣出

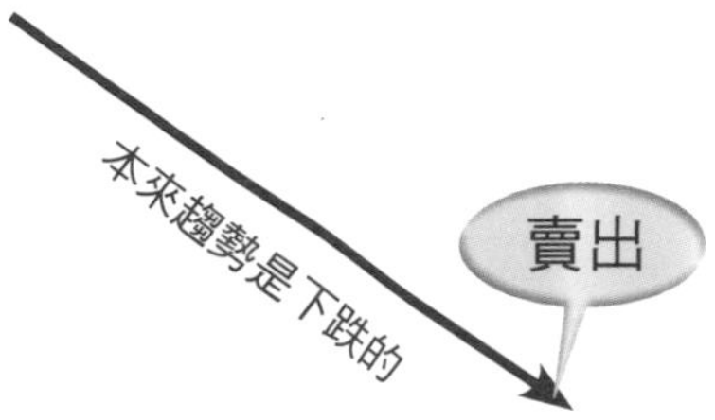

也就是看到行情下跌了，就加入空頭一方賣出。

逆勢的買進

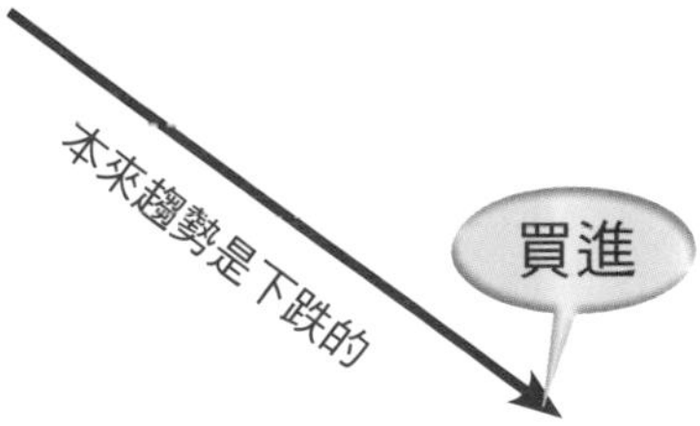

也就是看到行情下跌了，逆著跌勢，站在多頭的一方買進。

逆勢的賣出

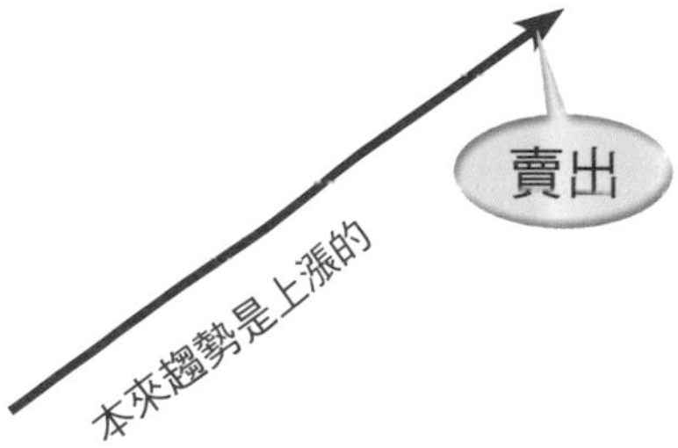

也就是看到行情上漲了，逆著漲勢，站在空頭的一方賣出。

Point ▶　乘著趨勢（行情）為順勢，逆著趨勢（行情）為逆勢。

▶Point 02 以基本分析進行交易

交易大致可分為兩種類型，即基本分析及技術分析。

所謂基本分析是藉由分析景氣和企業的財務體質及業績預測，以看清楚行情的手法。所謂技術分析是藉由分析價格變動及各種指標，以看清楚行情的手法。期貨交易大都採用技術分析為主，有人認為技術分析很投機，但實際上情況並非如此。

行情大的走勢（變動）照理說依賴基本面的部份是最大的，特別是中長期的走勢，可以肯定地說，是取決於基本面。

然而，股票或期貨短期的走勢依賴技術分析的部份是大的。尤其當投資人以數分鐘單位來看行情變動時，在沒有出現任何消息的情況下，行情也會有相當程度的變動，這當然是屬於技術面的走勢。若你熟悉技術分析，一定不難看出，在某些關鍵價位被突破時，行情有極高比例會照著技術分析的常態變動。

因為期貨交易風格大多為短期進出，故以技術面來進行交易為佳。當然，投資人也要把握基本面，但並不建議投資人完全根據基本來進行期貨交易。

▶ 圖 02　基本分析和技術分析

基本分析？

所謂的基本分析，就是藉由分析景氣和企業的財務體質及業績預測，以看清楚行情的手法。

技術分析？

所謂的技術分析，就是藉由分析價格變動及各種指標，以看清楚行情的手法。

↘ ↙

基本分析和技術分析
那一方比較好？

↓

若是長期間的投資，可使用基本分析及技術分析，若是短期間的交易，僅使用技術分析即可。

Point ▶ 對於期貨短期間的交易，僅以技術分析就能充分因應。

▶Point 03 不要依感覺進行交易

不管是期貨或股票都一樣，輸錢的人幾乎都是憑「感覺」在進行交易。

「因為大概快要上漲了，所以我要開始買進。」

「因為走勢不差，我想稍微買一些看看。」

「因為跌很多了，我看行情非漲不可。」

你也有像這樣的交易經驗嗎？

這樣，是憑感覺在進行交易。

感覺交易不一定必然賠錢哦！即使這樣做，也有獲勝的時候。

在眾多投資人之中，有些人僅依賴感覺及行情的氣氛做交易，仍有不小的獲利。

然而，這些人畢竟是極少數。

大多數的人憑感覺做交易即使暫時有獲利，但最後總是會虧錢。

大家都想整體能有獲利，若是想經常都有獲利的話，就不要僅憑感覺進行交易。應學習交易的技巧及風險管理等等，以制訂適合自己風格的交易規則（手冊），並且遵循該規則。

圖 03　憑感覺交易無法經常獲利

（圖片資料來源：台工銀證）

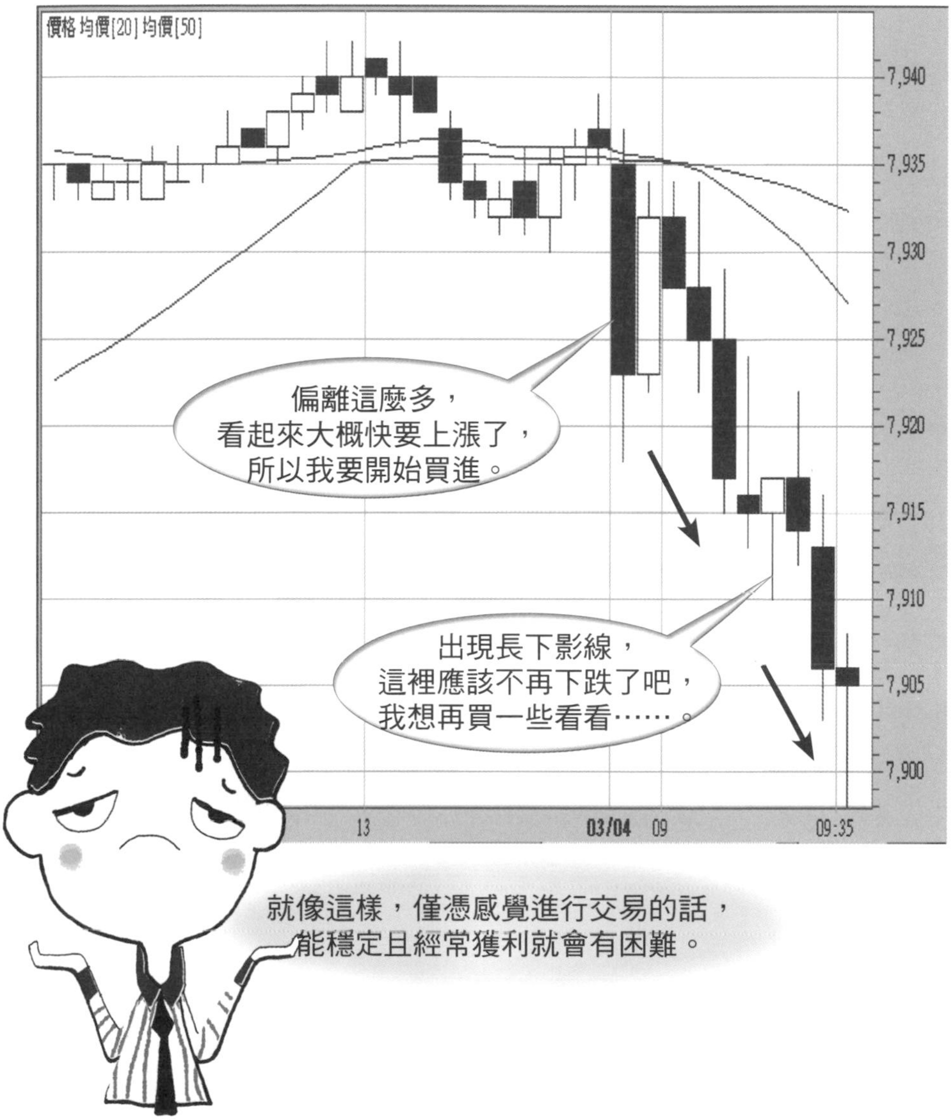

Point 期貨買賣若找到適合自己風格的交易規則，獲勝機率將會提高。

▶Point 04 制訂交易規則的重點

那麼，要如何制訂交易規則呢？

通常，初學者大多不知道要從那裡著手才好。

制訂交易規則的重點有下列三個。

①在什麼時機可以介入呢？

②在什麼時機應做停利呢？

③在什麼時機應做停損呢？

在這三個重點之中，最困難也最關鍵的是①。

也可以說，進場的時機對，勝利已經有八成了。

儘可能仔細地決定以什麼做線索？在什麼時機最適合進行介入？什麼時機可以進場的問題，並不是坐在電腦準備下單前才在思考的問題，而是事先就該理出重點，制訂出最適當的規則。

制訂規則是相當辛苦的作業，可是一旦制訂出好的、合用的規則之後，往後只要遵循該規則進行交易即可，一來交易變得輕鬆許多，二來獲利也會穩定許多。

▶ 圖 04　所謂交易規則

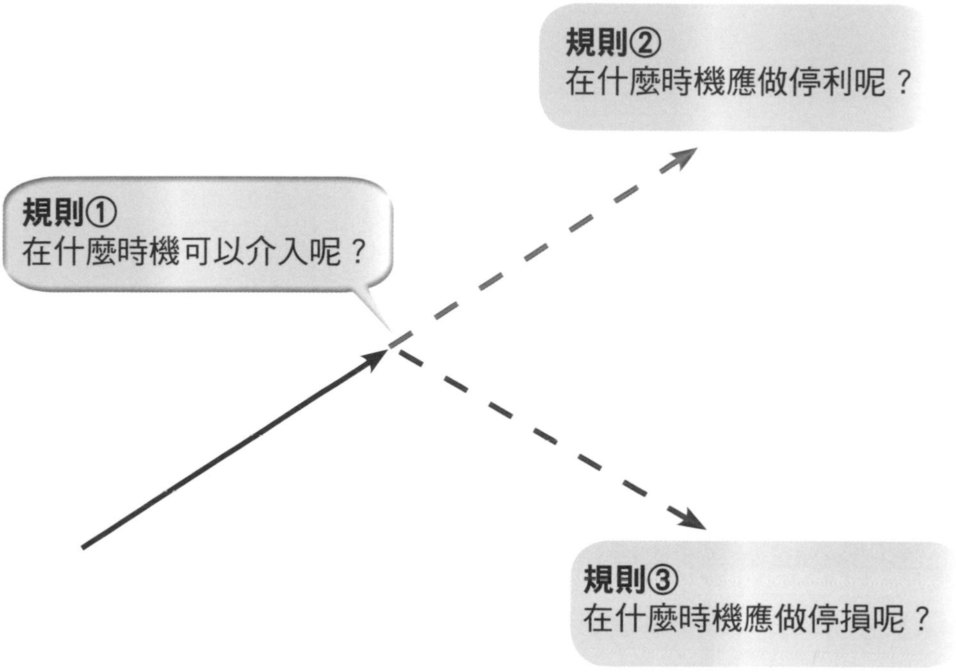
規則②
在什麼時機應做停利呢？
規則①
在什麼時機可以介入呢？
規則③
在什麼時機應做停損呢？

其他規則

- 交易的時間（從幾點到幾點？）
- 交易的週期（要用幾分鐘或幾天的線圖來看行情？）
- 部位大小（用自有資金的幾分之幾？）

……

Point▶ 切忌當場即興做判斷！而是應遵從交易規則做判斷。

▶Point 05 使用K線圖

本書所介紹的交易規則只使用一般常用的K線圖。

在講論期貨交易的書籍中，最常見的為下列三種線圖。

- K線圖
- 收價線
- 美國線

國內的交易人最常使用K線圖。海外的交易人使用美國線的則很多。

不同的線圖會被使用必然有其理由與價值，有些資深投資人甚至使用一些極冷門的線圖。事實上，這種「用什麼線圖比較好」沒有什麼好比較的，只要找對適合自己交易方法的線圖，能夠賺進差價就可以了，而本書使用的則是最普通的K線圖。

關於K線圖的基本的看法，並未在此處加以說明。不知道怎樣看K線圖的人，推薦可以參考恆兆文化出版的一系列解釋K線與買賣點的書。

▶ 圖 05　線圖的種類有很多，常見的有下列三種　（圖片資料來源：台工銀證）

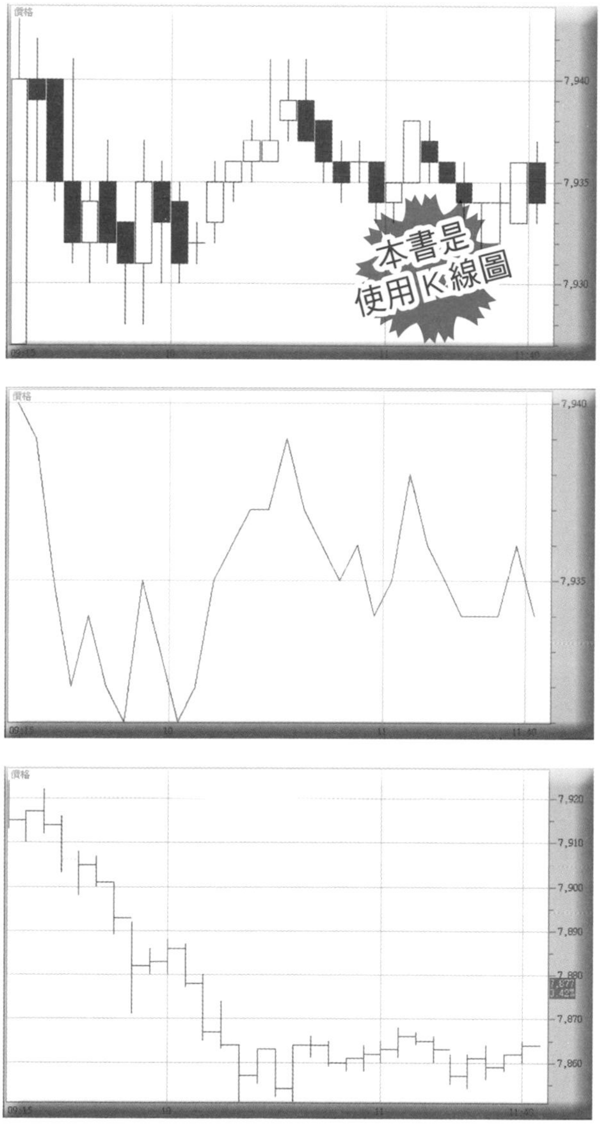

K線

收價線

美國線

Point▶　本書的交易規則以 K 線圖掌握價格走勢。

▶ *Point* 06 如何選擇 K 線的時間範圍

雖說是 K 線圖，但實際上有各種時間範圍的線圖。

從顯示每 1 分鐘指數四價（開盤價、收盤價、最高價、最低價）的 1 分鐘線，到日線、月線圖等等不一而足。

初學者對於該使用那一種時間範圍的線圖比較好？在選擇時，總會感到有點迷惑吧！

事實上，本書介紹的交易技巧在任一種時間範圍的 K 線圖均可使用。交易人只要使用適合自己時間範圍的 K 線圖即可。

但若要說建議，筆者建議以下的組合－－

- 從數分鐘至數十分鐘之間進行交易的話，5 分鐘線及 15 分鐘線。
- 從數小時至數日之間進行交易的話，1 小時線及日線。
- 從數日至數週之間進行交易的話，日線及週線。

為何使用 2 個（以上）的時間範圍呢？在後面會加以說明。

在本書的實例解說中，會舉出 5 分鐘線、15 分鐘線、30 分鐘線、1 小時線及日線加以解說。

▶ 圖 06　K 線圖的時間範圍

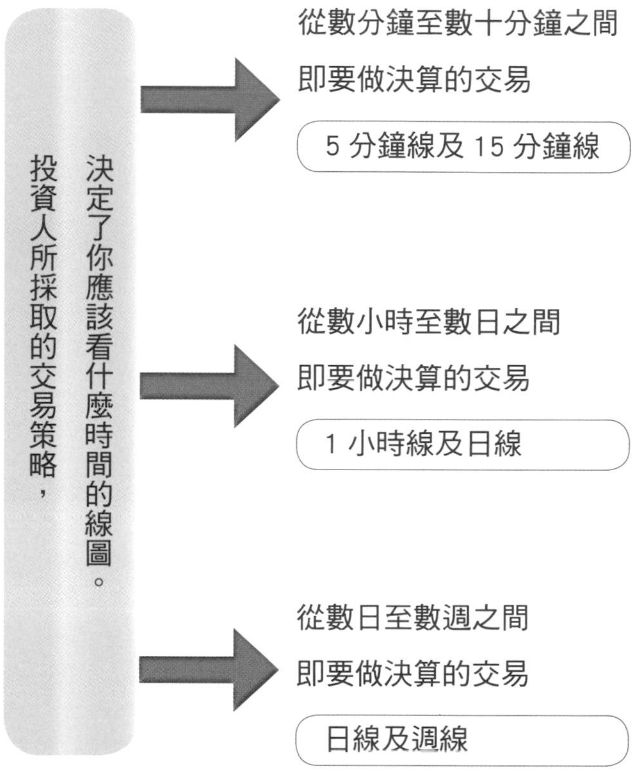
投資人所採取的交易策略，
決定了你應該看什麼時間的線圖。
從數分鐘至數十分鐘之間
即要做決算的交易
5 分鐘線及 15 分鐘線
從數小時至數日之間
即要做決算的交易
1 小時線及日線
從數日至數週之間
即要做決算的交易
日線及週線

使用 2 個以的時間範圍

Point▶ 使用適合自己交易風格時間範圍的線圖。

▶Point 07 移動平均線

雖然本書所提供的技巧是使用 K 線圖來判斷介入點，但因為僅靠 K 線就做判斷是困難的，故增加 2 個可供支援的工具。

其中一個是移動平均線。所謂移動平均線是將一定期間（或數條 K 線的）收盤價的平均值畫成線狀。

說到移動平均線也有好幾種。比方說有 SMA(Moving Average；簡單移動平均）及 EMA(Exponential Moving Average；指數平滑移動平均）等。

本書使用 SMA(簡單移動平均）。雖然大多數的看盤軟體在選擇移動平均線的原始設定就是 SMA，但仍請確認一下。

在本書所介紹的技巧中，使用 2 條 SMA。

- 50SMA(期間 50)
- 20SMA(期間 20)

因為看盤軟體原來的設定（期間）會依所使用的軟體不同而異，一般 SMA 都會預設成「期間 60」及「期間 20」故請務必確認要改成「期間 50」及「期間 20」各以 1 條來表示。

▶ 圖 07　移動平均線的種類

（圖片資料來源：台工銀證）

所謂移動平均線，是連接一定期間（或數條 K 線）收盤價的線。

SMA
（簡單移動平均）

單純地將一定期間的收盤價合計，再予以平均的價格。

EMA
（指數平滑移動平均）

比起過去的價格，加重最近的價格所得到的平均值。

在本書所介紹的技巧中，使用「50SMA(期間 50)」及「20SMA(期間 20)」這 2 條移動平均線。

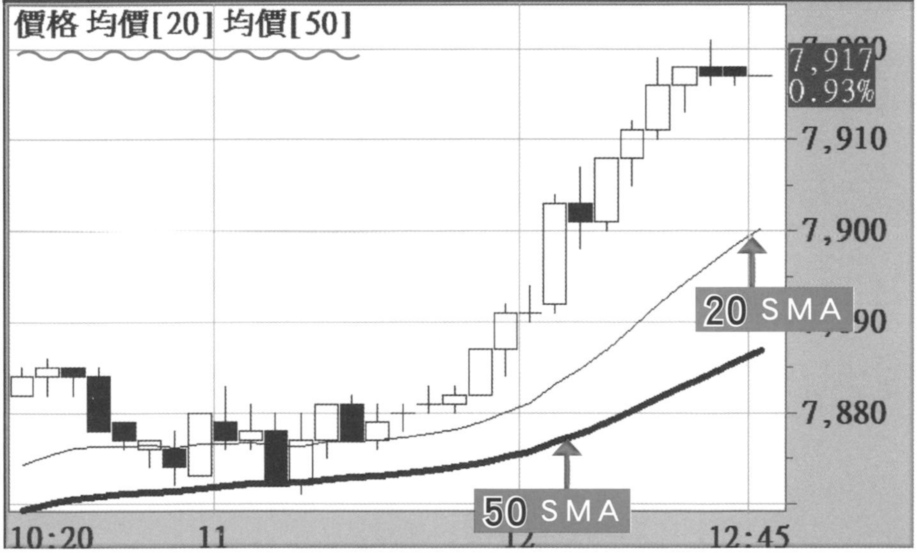

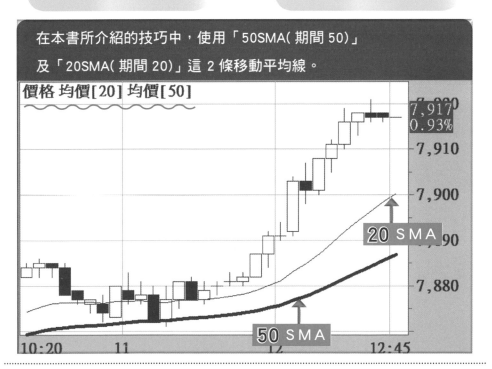

Point ▶ 使用 2 條移動平均線來進行分析。

▶Point 08 移動平均線的方向

在此先簡單說明看移動平均線時的重點。詳細情形下一章會有進一步解說。

移動平均線首先應看其方向。

僅靠移動平均線的方向，就能得到相當有力的資訊。當然，交易人的獲勝機率及獲利率均能提升。

移動平均線若是向上的話，有上升的趨勢，若是向下的話，有下降的趨勢，若是持平的話，可以說無趨勢。

想要進行買進時，務必是移動平均線向上時為之，移動平均線向下時不要進行買進。

想要進行賣出時，務必是移動平均線向下時為之，向上時不要進行賣出。

移動平均線方向持平時，儘量不要介入。

觀察移動平均線，當趨勢變明顯時，可考慮往有利的方向介入。這是在期貨投資上獲勝的秘訣。

▶ 圖 08　移動平均線的方向

（圖片資料來源：台工銀證）

進場前先觀察移動平均線的方向。

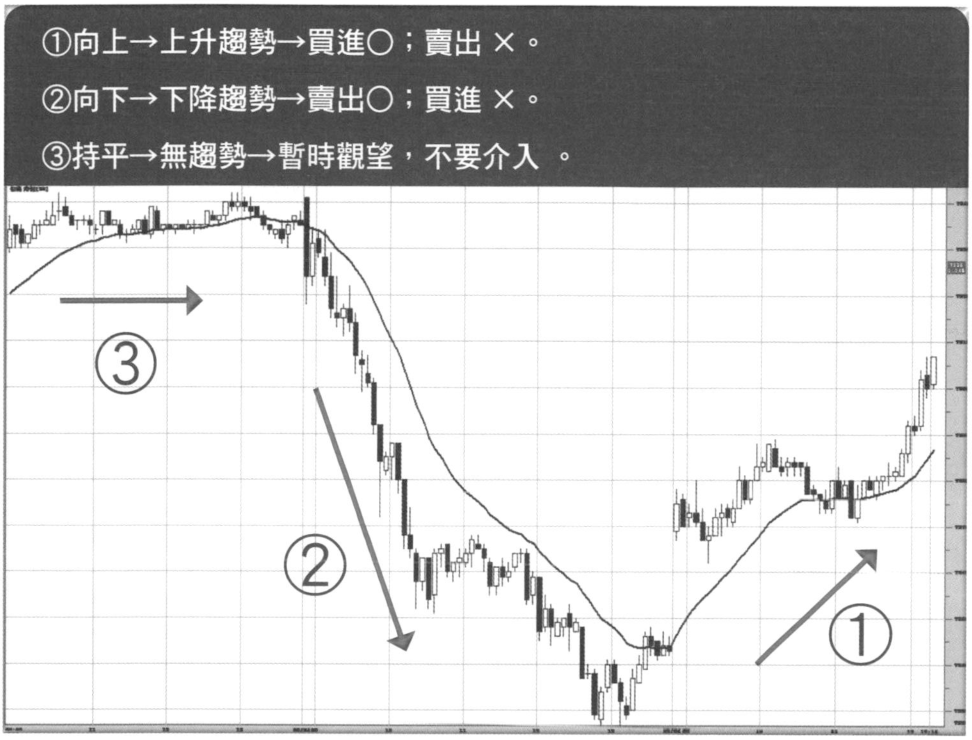

①向上→上升趨勢→買進〇；賣出 ×。
②向下→下降趨勢→賣出〇；買進 ×。
③持平→無趨勢→暫時觀望，不要介入 。
③
②
①

Point▶　移動平均線首先應看其「方向」，掌握行情的動向（趨勢）。

▶Point 09 移動平均線和指數的位置關係

看移動平均線時的重點還有一個，那就是看移動平均線和指數（收盤價）的位置關係。

要怎麼看呢？

要看指數是在移動平均線的上方或下方，還是橫跨在移動平均線上（有重疊的部份）。若和方向相同，此種位置關係也會成為相當有力的資訊。

什麼叫「和方向相同」呢？

當指數在移動平均線的上方時，為上升趨勢，在移動平均線的下方時，為下降趨勢，當有橫跨（重疊）的情形時，為無趨勢（但不全然都是這樣，也有例外的情形）。

想要進行買進時，是指數在移動平均線上方時為之。在下方時則不要進行買進。

想要進行放空賣出時，是指數在下方時為之，在上方時則不要進行。

又，有橫跨（重疊）的情形時，儘量不要介入。

根據這個原則，買進或放空若能配合移動平均線方向的話，獲勝的機率將會增高！

▶ 圖 09　移動平均線和指數的位置關係

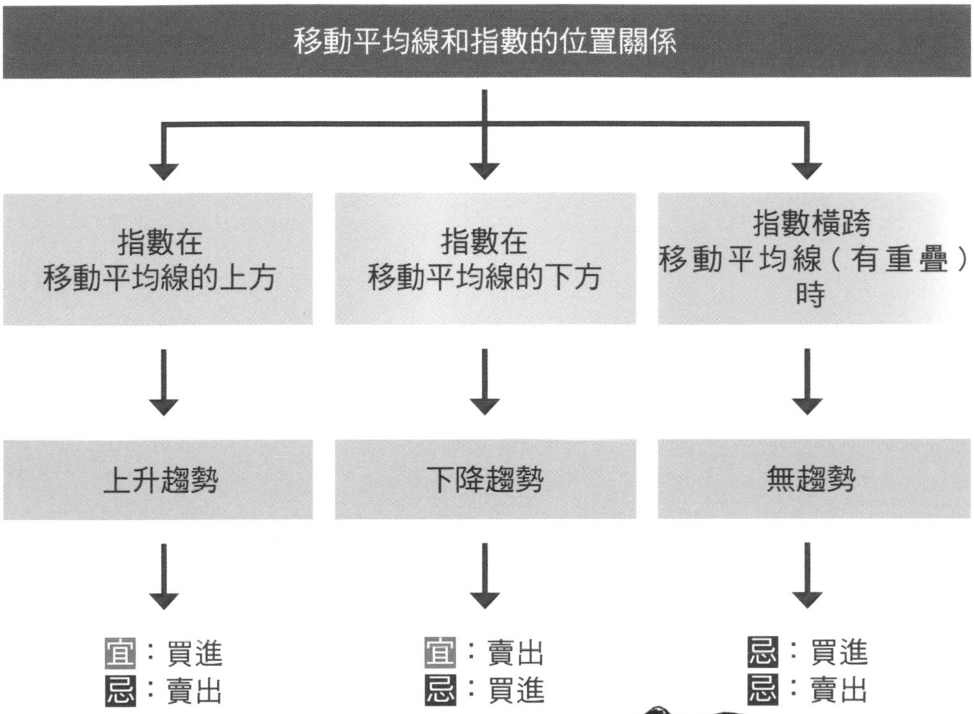

以此種方式做交易的話，
獲勝機率將會增高。

Point ▶ 買？賣？觀望？不但要看移動平均線「方向」，也要看「和指數相對位置」。

▶Point 10 技術指標

本書的交易規則是使用移動平均線及另一種技術指標。

技術指標有許多種，雖然沒有做過正式統計，但上百種應該是有的，不過，最常被使用的大致有以下三種：

- RSI
- KD
- MACD

不同技術指標各具特色，可以告知交易人介入的時機。

但這些僅是大致的基準，沒有一個技術指標是萬能的。因此，有經驗的交易人會組合數個技術指標。這是因為他們知道技術指標非萬能（以一種技術指標，想要獲勝是困難的）。

本書選用 MACD。因為容易判斷介入的時機，且即使是初學者，也應該能夠巧妙地使用。

▶ 圖 10 **技術指標**

（圖片資料來源：台工銀證）

技術指標可告知交易人目前行情的「大致基準」。常見的有下列三種：

RSI	KD	MACD
相對強弱指標。通常數值低於 30 時，判斷為超賣，高於 70 時，為超買。	隨機指標。通常數值低於 30 時，判斷為超賣，高於 70 時，為超買。	移動平均收斂發散指標（平滑異同移動平均線）。為掌握移動平均收斂、發散的技術指標。

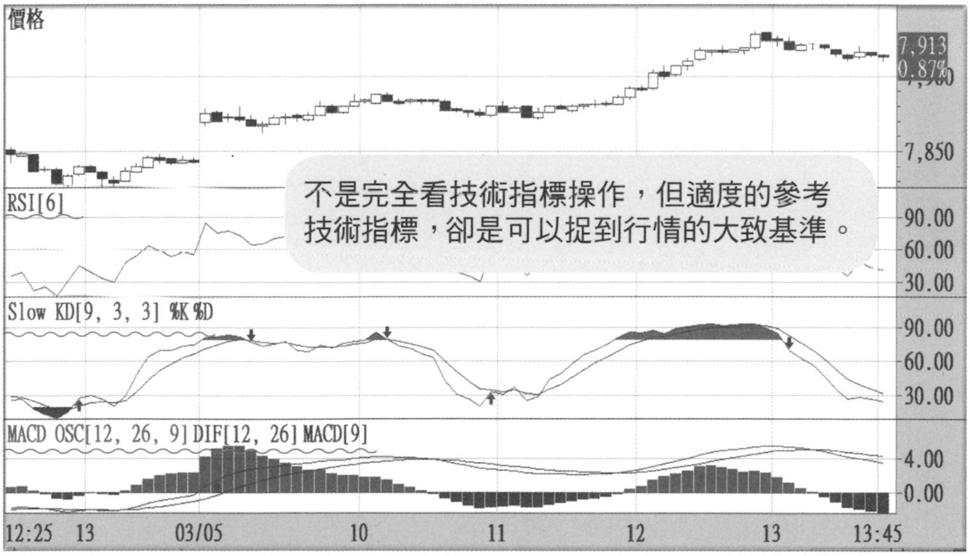

Point ▶ 技術指標雖然不是萬能，但與其他條件搭配運用，能更容易判斷介入的時機。

▶*Point* ***11*** 使用 MACD

所謂 MACD 是 Moving Average Convergence and Divergense 的簡稱，有移動平均的收斂、擴散的意思。在技術指標之中，屬於追蹤趨勢的類型（依其使用方法）。

MACD 是由「MACD 線（在本書以實線表示）」及「訊號線（在本書以虛線表示）」此兩條線所構成（請參照下頁），本書則以此兩條曲線來把握指數的走勢、傾向及趨勢的轉換。

一般而言，MACD 的用法有以下 4 種（若要深入了解 MACD 指標，可以選讀「i 世代投資 4-- 技術線學習提案」一書。

① 交叉……MACD 線和訊號線的交叉

② 位置關係……2 條線之中，那一條線在上，那一條線在下？

③ 數值……在正數圈，或在負數圈？

④ 曲線的方向……向上或向下？

僅看此 4 個重點，就能相當程度把握行情的走勢。

▶ 圖 11　MACD 的重點

（圖片資料來源：台工銀證）

所謂 MACD 是 Moving Average Convergence and Divergence 的簡稱。有移動平均收斂、擴散的意思。

請注意以下四個看盤重點：

① 交叉……MACD 線和訊號線的交叉。

② 位置關係……2 條線之中，那一條線在上，那一條線在下？

③ 數值……在正數圈，或在負數圈？

④ 曲線的方向……向上或向下？

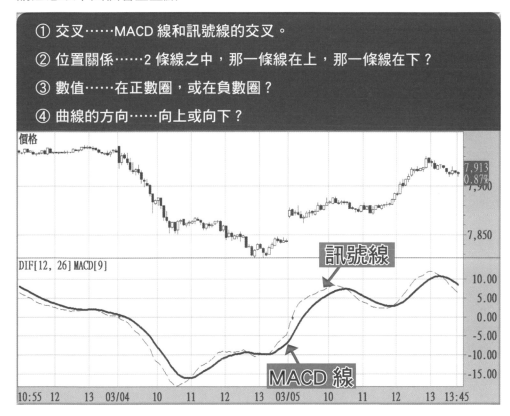

Point ▶ 記住 MACD 的 4 個重點（交叉、位置關係、數值、曲線的方向）。

▶Point 12 MACD的本書應用重點

前一節所舉出的 4 個重點之中，本書所介紹的技巧，重視的是「交叉」及「位置關係」此二個重點。

一個是線的交叉。

MACD 線和訊號線，此二條曲線有時可看到交叉的情形。當發生交叉時，往往表示趨勢已經改變了，或從現在起，趨勢就要改變了。又，雖然在後面會加以說明，但也有在告訴交易人趨勢仍會「持續」的情形。

還有一個是線的位置關係。

看 MACD 線及訊號線，那一條線在上方，那一條線在下方？

通常，當 MACD 線位於訊號線上方時，為下降趨勢，位於訊號線下方時，為上升趨勢。然而，就短期間來看時，也有相反的情形。因此，雖然僅依賴位置關係是無法判斷趨勢的，但在判斷介入時機時，必須要看位置關係。關於這一點，在解說使用 MACD 的技巧之處，會詳加說明。

首先，請先將以上二個重點放入腦海中。

▶ 圖 12　MACD 的本書應用重點

（圖片資料來源：台工銀證）

交叉

當發生交叉時，往往表示趨勢已經改變了，或從現在起，趨勢就要改變了。

位置關係

當 MACD 線位於訊號下方為上升趨勢，位於訊號線上方時為下降趨勢。但就短期間來看時，也有相反的情形。

Point▶ 從 MACD 兩條線交叉之點及相互的位置關係，可掌握趨勢。

▶*Point* 13 在期貨交易獲勝的秘訣

關於 SMA 及 MACD，應該多少有理解了吧！想學習更深入的人不要懷疑，做好交易多讀技術分析相關書籍絕對是一本萬利的事。

在此請再度複習有關 SMA 及 MACD 的重點。

- SMA 使用 2 條以上，以便掌握指數的走勢。
- 當 SMA 向上時，進行買進，當 SMA 向下時，進行賣出。
- 當 SMA 無傾斜時，不要介入。
- 若指數在 SMA 的上方時，進行買進，指數在 SMA 的下方時，進行賣出。
- 請留意 MACD 的交叉（暗示趨勢的轉換及趨勢的繼續）

雖然這些是使用 SMA 及 MACD 時的基本原則，但只要適當實行的話，獲勝機率就會有相當程度的提高。

▶ 圖 13　SMA 及 MACD 的重點

5 個重點

重點 1　SMA 的條數

SMA 使用 2 條以上，以便掌握指數的走勢。

重點 2　SMA 的方向

當 SMA 向上時，進行買進，當 SMA 向下時，進行賣出。

重點 3　SMA 的傾斜度

當 SMA 無傾斜時，不要介入。

重點 4　指數和 SMA 的位置關係

若指數在 SMA 的上方時，進行買進，在下方時，進行賣出。

重點 5　MACD 的交叉

請留意會暗示行情趨勢轉換及行情趨勢繼續的交叉。

Point ▶　請根據上述 5 個重點，制訂交易規則。

▶Point 14 讓線圖顯示出來

那麼，就在K線圖上，試著將移動平均線及MACD顯示出來。

① 顯示期間「50」的移動平均線。

② 顯示期間「20」的移動平均線。

③ 顯示MACD（短期EMA期間12・長期EMA期間26・訊號期間9)。

將這3個顯示出來後，就會像下頁一樣（會依軟體而異）。

移動平均線會和K線在相同地方顯示出來，MACD則會在下段顯示出來。

進行交易時，在這樣的畫面上，投資人就可以以K線及移動平均線來掌握走勢，一面看MACD的收斂、擴散的情形，一面看清楚介入的時機（雖然也有其他的做法，但為了讓初學者容易了解，先只使用50SMA、20SMA、MACD這三個指標）。

雖然在還未熟悉前，想判斷本書所介紹的進場點會花費一些時間，但若已熟悉後，只要看到圖則能在1、2秒內做出判斷。

▶ 圖 14　**技術指標的設定**

（圖片資料來源：台工銀證）

移動平均線和 K 線在相同地方顯示出來，MACD 則會在下段顯示出來。

Point▶ 在股價圖上顯示 50SMA、20SMA 及 MACD。

Chapter 2

期貨常勝
5步驟

▶Point 01 乘著指數的趨勢

以下要開始介紹本書所要傳達的交易規則（手法）。

一提到交易規則，大部份的期貨書都寫得很複雜，不是文字「意境過高」而超級難懂，就是兜得太遠難以理會，但本書的編輯與寫法並非如此。這是一本即使是初學者，也能簡單理解並做出成效的書。

複雜的學理就不多說了，這裡想要介紹的是所謂「乘著行情的趨勢」的操作方法。

行情有其趨勢：往上走？或往下走？或沒有趨勢的水平橫盤？說穿了，行情就只有這三種模式。

別小看這三種模式，若投資人可以巧妙地利用這種趨勢，就能夠獲利。

想要進場時，若不知道指數的趨勢（動向）的話，就無法獲利。不知道趨勢，即使已經進場，效率也會變得很差。

若能乘著已經形成的趨勢去操作，只要此種趨勢未改變的話，潛在的獲利就會增加。

在第一章中，我們已經討論過順勢及逆勢，應該還記得吧！因為要介紹的技巧是配合行情的趨勢，故為順勢操作。

▶ 圖 01　**乘著趨勢（順勢）**

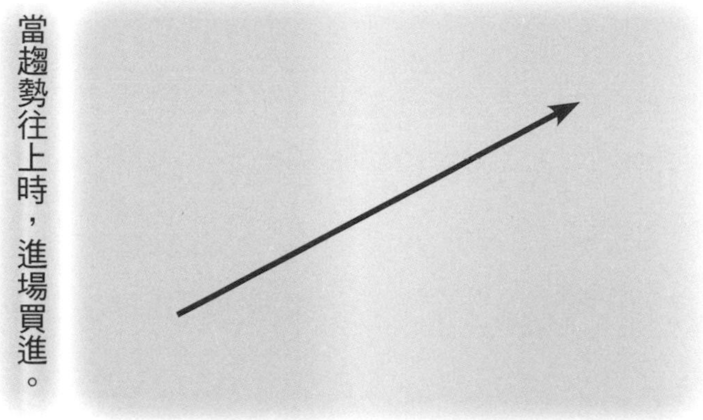

當趨勢往上時，進場買進。

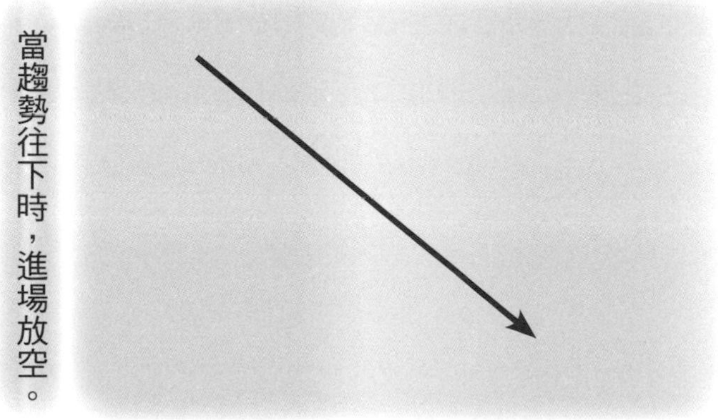

當趨勢往下時，進場放空。

只要趨勢未改變的話，潛在的獲利就會增加。

Point ▶ 順著行情的趨勢進行操作，是效率佳、風險小的交易。

▶Point 02 看清楚 50SMA 的方向

想要乘著趨勢進行操作，就必須先看清楚趨勢。

請注意哦！

行情並不是任何時間都有「趨勢」，而這裡的「趨勢」也不是放諸四海皆準的標準答案，不同投資人在不同投資目的下所看到的行情趨勢不會完全都一樣，投資人只要看清自己想跟隨的那一段時間內的行情趨勢即可。

這是指看清楚「是否有一種趨勢？若有的話，是朝那一個方向？」。

那麼，要怎樣做才能看清楚趨勢呢？

首先，浮在腦海中的是前面介紹過的 SMA(移動平均線)。因此，我們可以使用 SMA 來看清楚指數的趨勢。

步驟 1
看清楚 50SMA 的方向。

在 K 線圖上，看 50SMA。

看清楚 50SMA 的方向是向上或向下，或橫盤？

若是向上或向下時，可進到步驟 2。

若是橫盤時，先行觀望不要介入。

▶ 圖 02　**交易的步驟 1**

（圖片資料來源：台工銀證）

50SMA 是向上或向下？

Point ▶ 看清楚 50MSA 的方向後，再決定要介入的方向。

▶Point 03 看清楚 50SMA 的傾斜度

其次，看清楚「傾斜度」。

這是在看趨勢的強弱。

當傾斜的程度越明顯時，表示趨勢越強。

步驟 2
看清楚 50SMA 的傾斜度。

有些人會認為「只要看方向，就能知道傾斜度」。雖然大致情形是如此，但在熟練以前，必須一條一條確實地看才行。

傾斜度已成為一項重點。

依傾斜的程度，再決定是否要進行交易。

當有相當程度的傾斜時，可進到步驟 3，若不太有傾斜度時，則停止交易。那麼，要有多少的傾斜度，才適合進行交易呢？這必須依經驗來判斷。請參考下一章的實例解說。

▶ 圖 03 交易的步驟 2

（圖片資料來源：台工銀證）

50SMA 是否有傾斜？

Point ▶ 傾斜的程度可表示趨勢強弱。當 50SMA 傾斜的程度越明顯時，表示趨勢越強。

▶ *Point* 04 看清楚 50SMA 和指數的位置關係

當把握方向及傾斜度後，接著可以看 50SMA 和指數的位置關係。

步驟 3
確認 50SMA 和指數的位置關係。

確認相對於 50SMA，指數的位置是在上方或下方。

請留意，這裡指的是指數與 50SMA 的位置關係，不是指數與 20SMA 的位置關係。

「當 50SMA 向上，且指數在 50SMA 的上方」或「當 50SMA 向下，且指數在 50SMA 的下方」時，可進到步驟 4。

若不是處於此種情形時，換言之，「雖然 50SMA 方向向上，但指數在 50SMA 的下方」或「雖然 50SMA 方向向下，但指數在 50SMA 的上方」時，也有進到步驟 4 的時候，但假如要進場買進或放空的話，還是要等到成為「50SMA 向上，指數在 50SMA 的上方」或「50SMA 向下，指數在 50SMA 的下方」的位置關係時，才是合格介入的條件。

▶ 圖 04　**交易的步驟 3**

（圖片資料來源：台工銀證）

50SMA 和指數的位置關係？指數在 50SMA 的上方或下方？

Point ▶
- 欲進行買進時，指數在上方，50SMA 在下方。
- 欲進行賣出時，指數在下方，50SMA 在上方。

▶Point 05 看清楚 50SMA 和 20SMA 的位置關係

其次，來看 50SMA 和 20SMA 的位置關係。

應把握那一條 SMA 位於上方？

步驟 4
確認 50SMA 和 20SMA 的位置關係。

「當50SMA向上，20SMA在50SMA的上方」或「當50SMA向下，20SMA 在 50SMA 的下方」時，可進到步驟 5。

若不是處於此種情形時，換言之，「雖然 50SMA 向上，但 20SMA 在 50SMA 的下方」或「雖然 50SMA 向下，但 20SMA 在 50SMA 的上方」時，也有進到步驟 5 的時候，但假如要進場買進或放空時，還是要等到成為「50SMA 向上，20SMA 在 50SMA 的上方」或「50SMA 向下，20SMA 在 50SMA 的下方」的位置關係，才被認為是合格介入的條件。

▶ 圖 05　**交易的步驟 4**　（圖片資料來源：台工銀證）

50SMA 和 20SMA 的位置關係？ 20SMA 在 50SMA 的上方或下方？

Point
- 欲進行買進時，20SMA 在上方，50SMA 在下方。
- 欲進行賣出時，20SMA 在下方，50SMA 在上方。

▶Point 06 介入的時機

接著，就必須仔細看清楚介入的時機。

這個「介入時機」的設計原理是什麼呢？

重點是「趨勢有時會稍微偏離，但只要趨勢已形成，我們可以判斷偏離後行情（指數或股價）又會回到原來的趨勢」，雖然不是100%，但機率是高的。

說到指數的趨勢，趨勢並不會一直往一個方向走。即使大的趨勢是向上， 但若仔細看時，也有發生指數高高低低的情形。稍微下跌，又再度上漲，這種事會一直重複著。

應留意此種動向。

●進場買進的情況

向上的趨勢曾經短暫向下，但又再度回到原來的向上趨勢時，可進行買進。

●進場放空的情況

向下的趨勢曾經短暫向上，但又再度回到原來的向下趨勢時，可進行放空賣出。

投資人就是在找出上述的時機，進場做交易。

▶圖 06　**介入的時機**

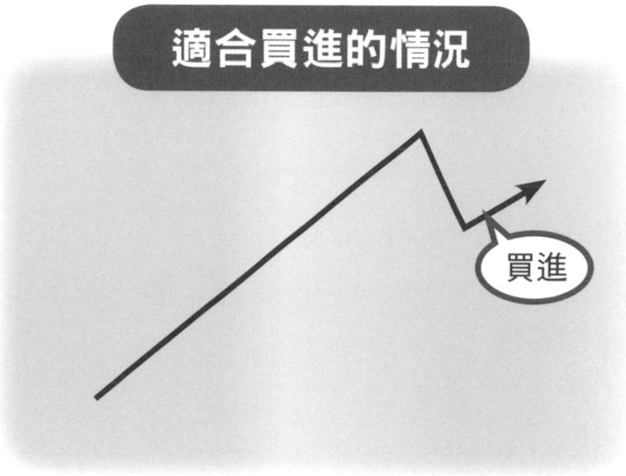

向上的趨勢曾經短暫向下，但又再度回到原來的向上趨勢時，可進行買進。

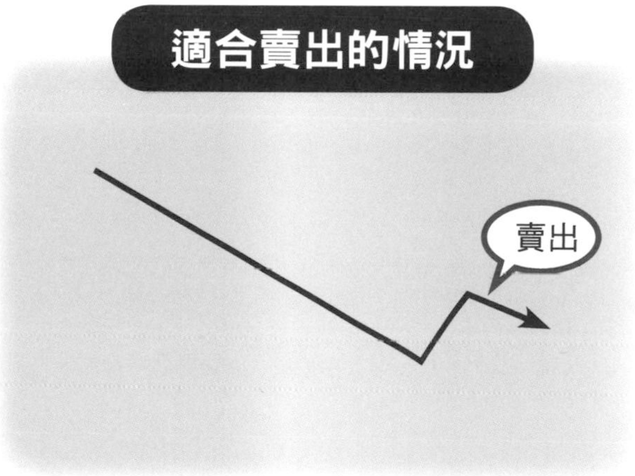

向下的趨勢曾經短暫向上，但又再度回到原來的向下趨勢時，可進行賣出。

Point▶ 請理解當指數的趨勢變成怎樣時，才適合介入。

▶ *Point* ***07*** 買進的時機

延續上一節的說明，那麼，回到原來趨勢的時機，要怎樣才能判斷呢？

利用 MACD ！

步驟 5（出手買進的時機）
在訊號線位於 MACD 線的下方之後，當又再度向上突破 MACD 線時，可進行買進。

因為此處有點難，故請配合右頁的圖，若一次看不懂，可以多讀幾次。

若指數是上升趨勢的話，通常訊號線在 MACD 線的上方。然而，當指數從原來的趨勢偏離時，訊號線會位於下方。然而，當指數回到原來的上升趨勢時，訊號線會再度位於上方。

當「再度位於上方」時，即為進行買進的時機。

等 K 線的收盤價確定時，若 MACD 出現黃金交叉，就可考慮以下一條 K 線的開盤價，進行買進。

▶ 圖 07　**交易的步驟 5 進行買進**

（圖片資料來源：台工銀證）

MACD 確定黃金交叉後，以下一條 K 線（開盤價）進行買進。

觀察 1　訊號線在 MACD 線的下方。

↓

觀察 2　訊號線由下方向上突破 MACD 線。

↓

觀察 3　買進的時機。

↓

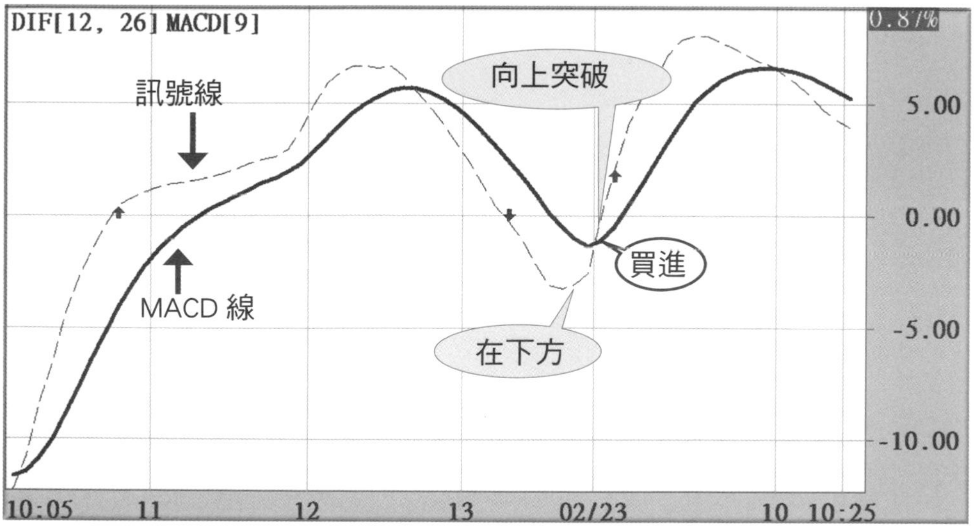

Point ▶　記住進行買進時的 MACD 的形態。

▶Point 08 賣出的時機

以下要說明進行放空賣出時，看清楚賣出時機的方法。

想法和買進時是相同的，都是以 MACD 找出行情回到原來趨勢的時候。

步驟 5（進行放空賣出的時機）
在訊號線位於 MACD 線的上方，但又再度向下穿越 MACD 線時，是放空賣出的時機。

和先前一樣，請一面看右頁圖。

若指數是下降趨勢的話，訊號線在 MACD 線的下方。然而，當指數從原來的趨勢偏離時，訊號線會位於上方。但當指數回到原來的下降趨勢時，訊號線會再度位於 MACD 下方。

而這裡的當「再度位於下方」時，即為進行賣出的時機。

等 K 線的收盤價確定時，若有訊號線向下穿越 MACD 線（死亡交叉）的情形時，可考慮於下一條 K 線的開盤價，進場放空。

▶ 圖 08　**交易的步驟 5 進行賣出**

（圖片資料來源：台工銀證）

MACD 確定死亡交叉後，以下一條 K 線（開盤價），進行賣出。

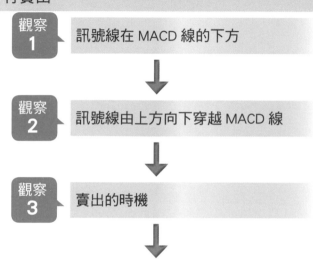

觀察 1　訊號線在 MACD 線的下方

↓

觀察 2　訊號線由上方向下穿越 MACD 線

↓

觀察 3　賣出的時機

↓

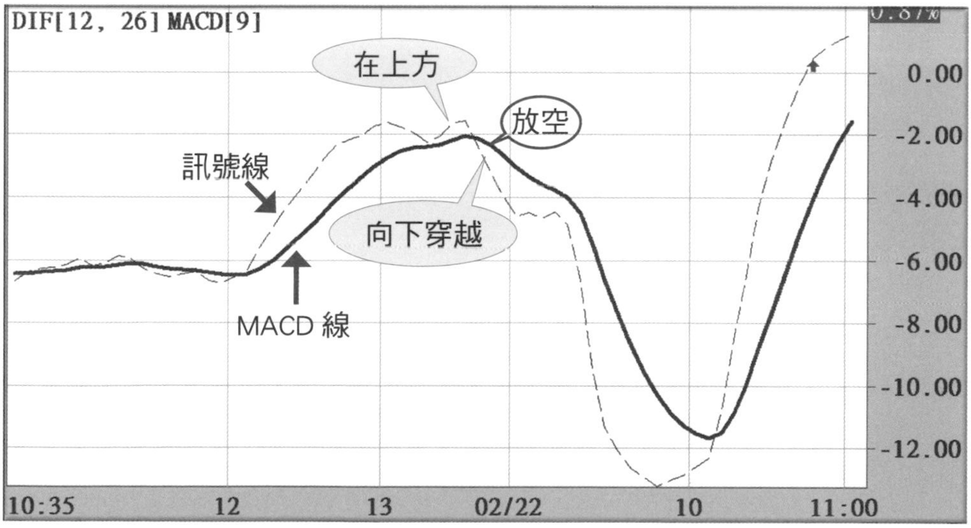

Point▶　記住進行賣出時 MACD 的長相。

▶Point 09 依交易規則，找出交易標的

接著，就來說明進行實際交易時，應採取的基本流程。

首先，要找出合適交易的標的。

本書所介紹的是一套合於短線交易進場的方法，它不只適用於台指期，其他像金融期、電子期、大型股票或外匯等等金融商品的交易都適合，若你習慣盯住單一商品，就等待交易訊號出現，或者你習慣交易多種商品，運用這套方法，投資人也可以同時盯住多項商品，等商品出現交易訊號時就對著它交易，實際的做法非常簡單，只要先把握 50SMA 的方向(步驟 1)。這樣就可以知道商品價格其趨勢如何？

其次，找出 50SMA 具有某種程度的傾斜的標的(步驟 2)。因為是否有傾斜度是重要的，故應仔細觀察。

然後，把握指數的位置和 20SMA 的位置(步驟 3 及步驟 4)。

若判斷似乎可以介入時，應仔細看 MACD 的走勢。

當 MACD 的條件已成立，所有的介入條件均齊備後(步驟 5)，就以下一條 K 線的開盤價，進行介入。

期貨交易者最好養成寫「交易日記」的習慣，透過交易日記，一面可以記錄行情，另一面可以記下當時進場的判斷理由，若有時間也應該記下當時的行情氣氛與重要消息。不管平倉後交易是輸是贏，交易日記都應該記下投資人誠實的檢討。只要有恆心記錄，這份交易日記將是自己最佳的教戰手則。

▶ 圖 09　活用筆記

記錄 1

目標商品的方向……向上？向下？

目標商品的傾斜……有無？

↓

記錄 2

每一定時間做筆記

↓

記錄 3

了解目標商品的趨勢

Point ▶ 將各目標商品的趨勢記下。

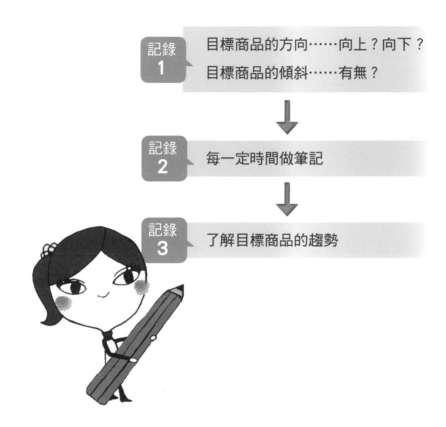

▶Point 10 技術指標的角色

本節，就來確認在本書的交易技巧中，所使用的各種技術指標各自所扮演的角色。

- 50SMA……依方向及傾斜度來掌握大的趨勢及氣勢。
- 20SMA……確認趨勢的持續情形。
- MACD……把握小的趨勢，掌握介入的時機。

當僅依靠 50SMA 進行交易時，即使可以把握住指數的大的趨勢，但不易掌握介入的時機。

若僅依靠 20SMA，即使可以把握住指數的小的趨勢，但不易掌握大的趨勢及介入的時機。

若僅依靠 MACD 進行交易的話，常會發生訊號和大的趨勢相違背的情形。然而，MACD 卻可以清楚抓住介入的時機。

總之，以 50SMA 及 20SMA 來掌握指數的趨勢，介入的時機則是以 MACD 來決定。

▶ 圖 10　不同技術指標所擔任的看盤角色不同　（圖片資料來源：台工銀證）

以 50SMA 及 20SMA 來掌握指數的趨勢，介入的時機則是以 MACD 來決定。

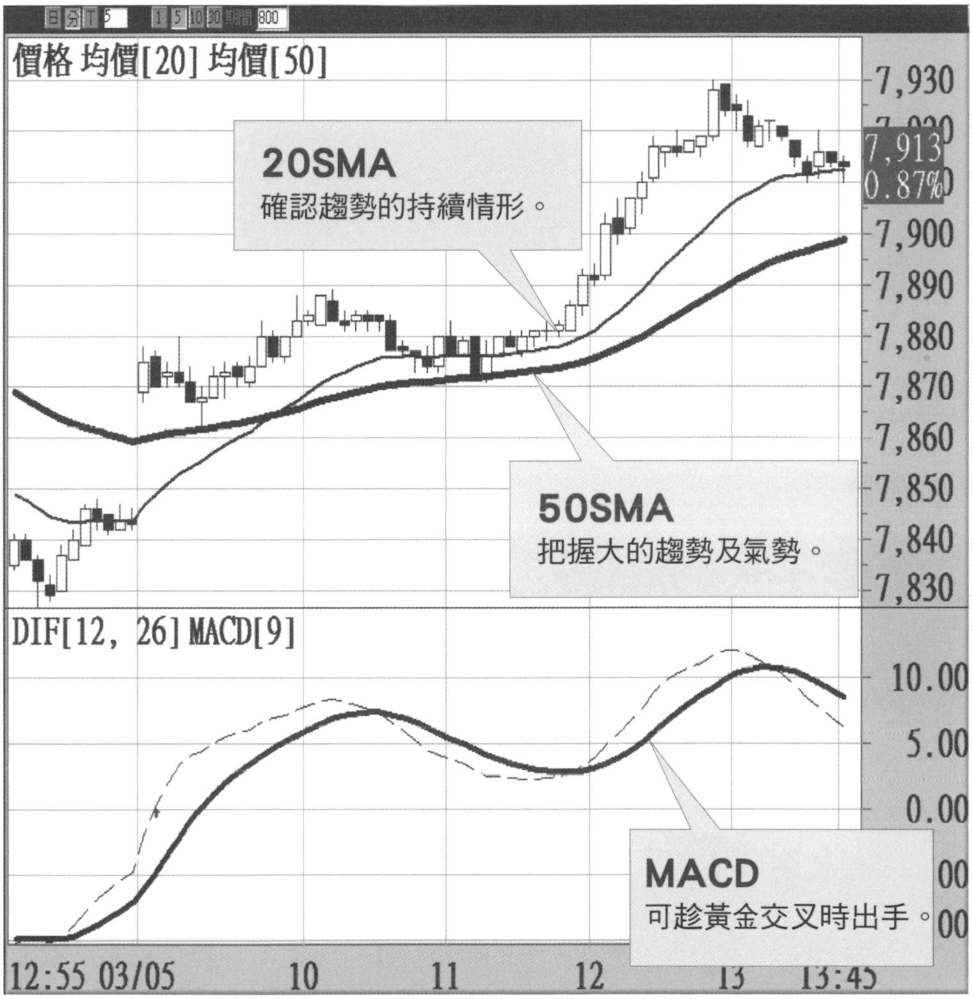

Point ▶　整理及活用技術指標各自的角色。

Chapter 3

最優圖形與騙線

▶Point 01 從趨勢的中途介入

有一些人會認為「依照本書介紹的方法，是從趨勢的中途才介入，故不會有大的獲利。應該是從趨勢的起點就進行介入，才會有大的獲利。」

這句話說得一點也不差。

本書所介紹的技巧是從趨勢的中途才介入，和從趨勢的起點即介入相比，獲利確實會減少。

雖然也有瞄準趨勢起點的技巧，但要借由那種方法而達到完美的獲利也有相當高的難度。

模擬一個「從趨勢起點就介入」的情境——

小華學會了一個從趨勢起點就介入的交易方法，由於會發生大趨勢的機率是出手數次才會成功一次。因此當小華認為趨勢已開始，而進行介入，但因為誤判，所以介入不久之後就出場。像這種事會重複好幾次，好不容易才能獲得一次大的利益。

其實，若你習慣且能駕馭那種方法，可以規律操作也不壞，但捉趨勢起點的方法勝率通常很低，也許 10 次出手只會成功 2 次，但每次獲利會很大。

而這裡所使用的方法，屬於在趨勢的中途才介入，勝率較高，但每次的獲利較小，不過，其好處是精神上比較輕鬆。

▶ 圖 01　**為何要從趨勢的中途介入呢？**

雖然在趨勢的起點就進行介入的話，
可能會有大的獲利，但那是相當困難的。

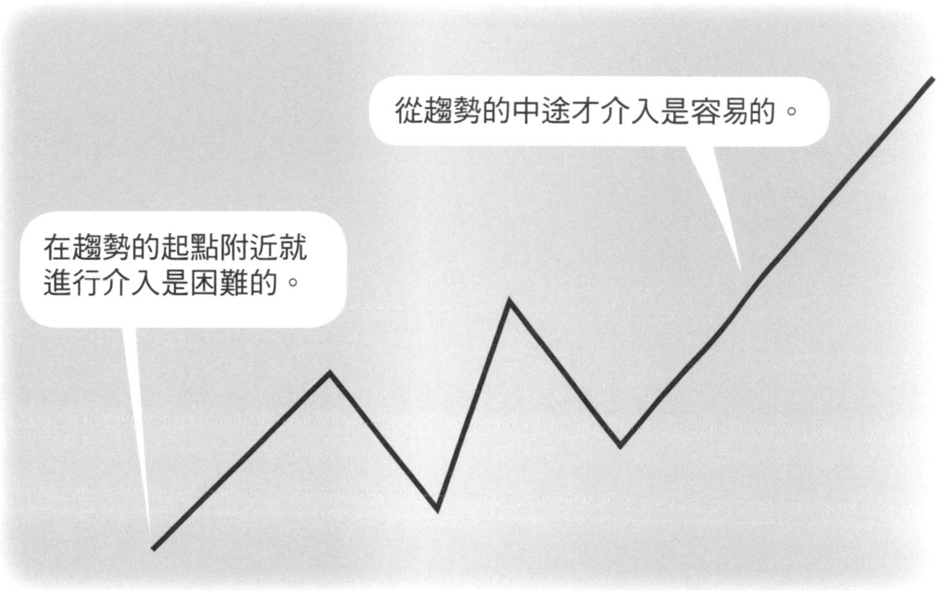

從趨勢的中途才介入是容易的。
在趨勢的起點附近就進行介入是困難的。

本書所教的期貨交易方法每次獲利目標都不大，
但在精神上較輕鬆。

Point ▶　務實且精神上較輕鬆的交易是從趨勢中途才介入。

▶Point 02 錯過進場點時的因應

早上起床太晚了，看線圖時，已經是在所有的進場條件均齊備之後的事了。總之，就是「錯過介入的時機了」。

此時，就不要勉強介入。

若指數和介入點已有大的偏離，勉強介入的話，風險將會增大。例如，按規則的進場買進在8000點，但發現時已經8010點，若強硬在8010點進場，說不定出場點必需冒上大風險才只賺一點點，甚至有時還得貼上手續費。

不過，也不是錯過進場點就完全放棄，若發現指數比實際的介入點處於有利的位置的話也會建倉。例如，當看線圖時，本來是8000點要進場買進的，但現在是7995點，指數比實際應介入之處還低5點。在這種情形之下當然可以介入。

相反地，若指數比實際的介入點處於不利的位置的話，就絕對不要介入。因為在相同的趨勢下，有時介入點會發生好幾次，故可等待下一次的機會。

▶ 圖 02　**若錯過介入時機的話？**

當錯過進場的時機時，雖然原則上不要介入，
但若處於有利的位置的話，也可以介入。

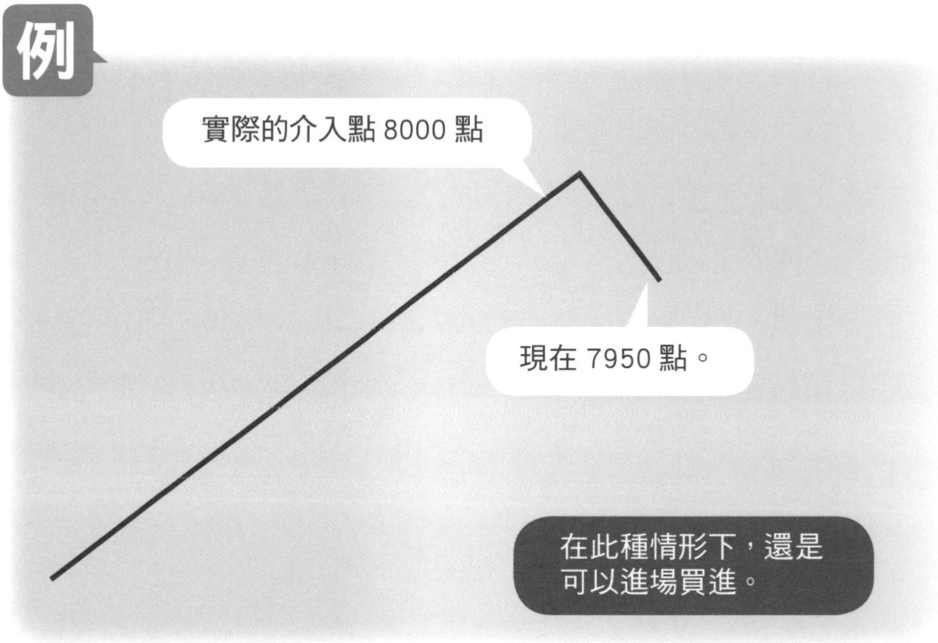
例
實際的介入點 8000 點
現在 7950 點。
在此種情形下，還是
可以進場買進。

Point▶ 介入與否可依其後的指數位置做判斷。

▶Point 03 50SMA 的傾斜基準

本書所介紹的交易技巧，50SMA 的傾斜為一大重點。依傾斜的程度來決定「現在應瞄準那一種商品。」

那麼，應該有大約多少的傾斜才好呢？

事實上，這一方面沒有標準答案。這是因為 SMA 依線圖縱軸刻度的大小，角度會改變。

讀者可以比較右圖台指期 2 張 5 分鐘線。

雖然上圖及下圖藍線圈起來的地方是相同時刻的線圖，但因縱軸的刻度是不同的。因此，50SMA 的傾斜有相當程度的不同。

就像這樣，即使是相同時間帶的線圖，50SMA 的傾斜是不同的，故未設以傾斜度數做為判斷基準。

▶ 圖 03　即使相同時刻線圖，傾斜度也有所不同。（圖片資料來源：台工銀證）

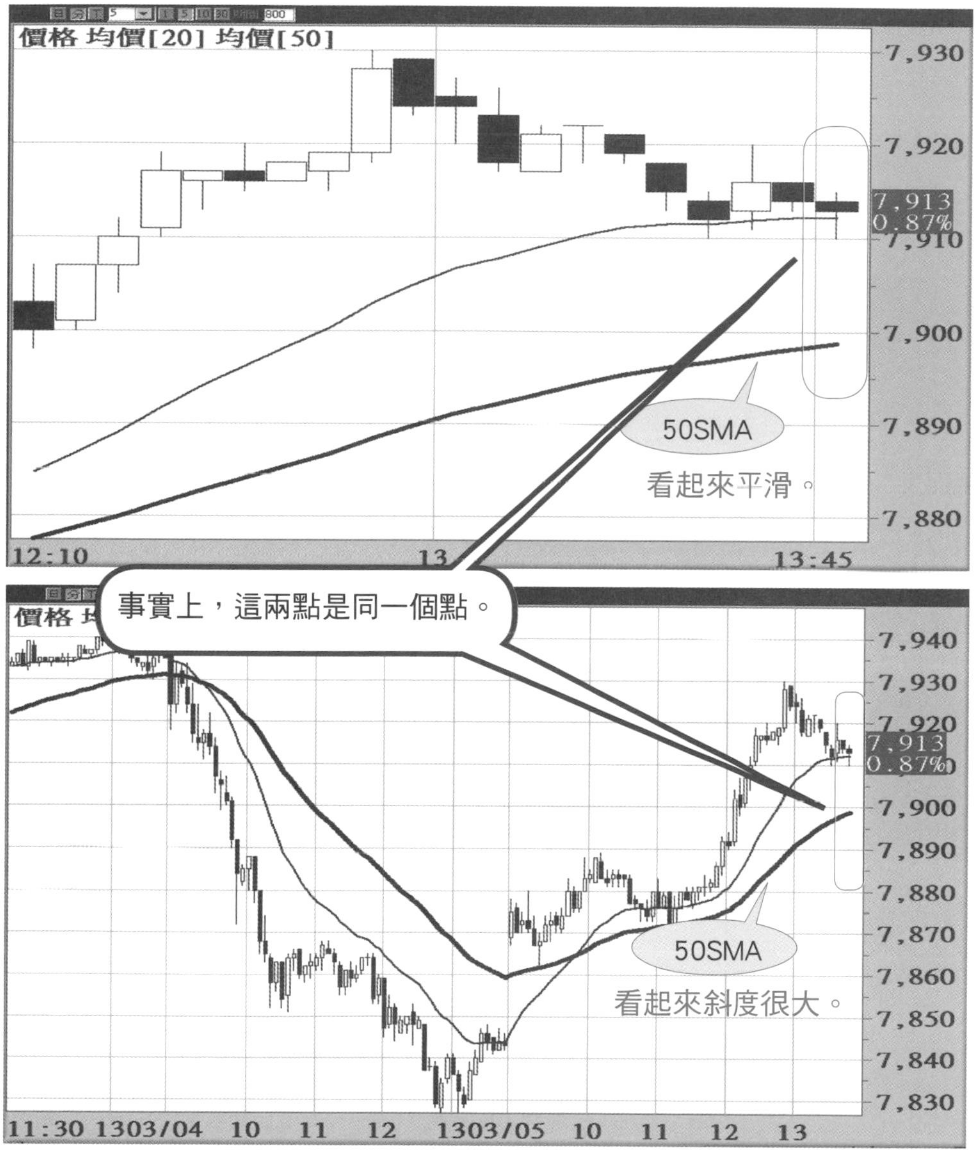

Point▶ 因為線圖的縱軸刻度不同，50SMA 的傾斜程度也會改變。

▶Point 04 對騙線的因應

不限於本書所介紹的技巧，只要是利用技術分析交易金融商品，在使用技術指標的交易中必然存在著「騙線」。

所謂騙線是，儘管買進或賣出的條件均已齊備，但行情變動卻跟所依循判斷的規則出現不一樣的走勢。

「因為買進的條件已齊備，故進行買進，但結果卻是下跌。」

「因為賣出的條件已齊備，故進行賣出，但結果卻是上漲。」

上述的情形就是「騙線」。

有人說，世上沒有「騙線」，只有「學藝不精」沒有騙不騙線這種事。其實，這個問題可以不用討論，那純粹是名詞、稱謂的問題，總之，只要是遇到與所學習的交易規則出現不相同的行情走勢，就可以把它歸類為「騙線」，投資人只要針對那種情況，做出正確的因應即可。

想要避免騙線一事，可以說是困難的。不管投資人再如何面面俱到的去考慮行情，總會碰到，那麼，在遇到騙線時，要如何因應才好呢？

最有效的是做停損。

簡單來說，就是要斷然做出平倉出場的動作。

出現騙線時，若指數的變動（往和預期相反的方向的變動）是小的話，可維持原有的部位，暫時觀望一下（因為有時又會回到原來的趨勢）。若變動似乎是大的話，則可採取停損的方式，予以因應。

▶ 圖 04　**遇到騙線時……**

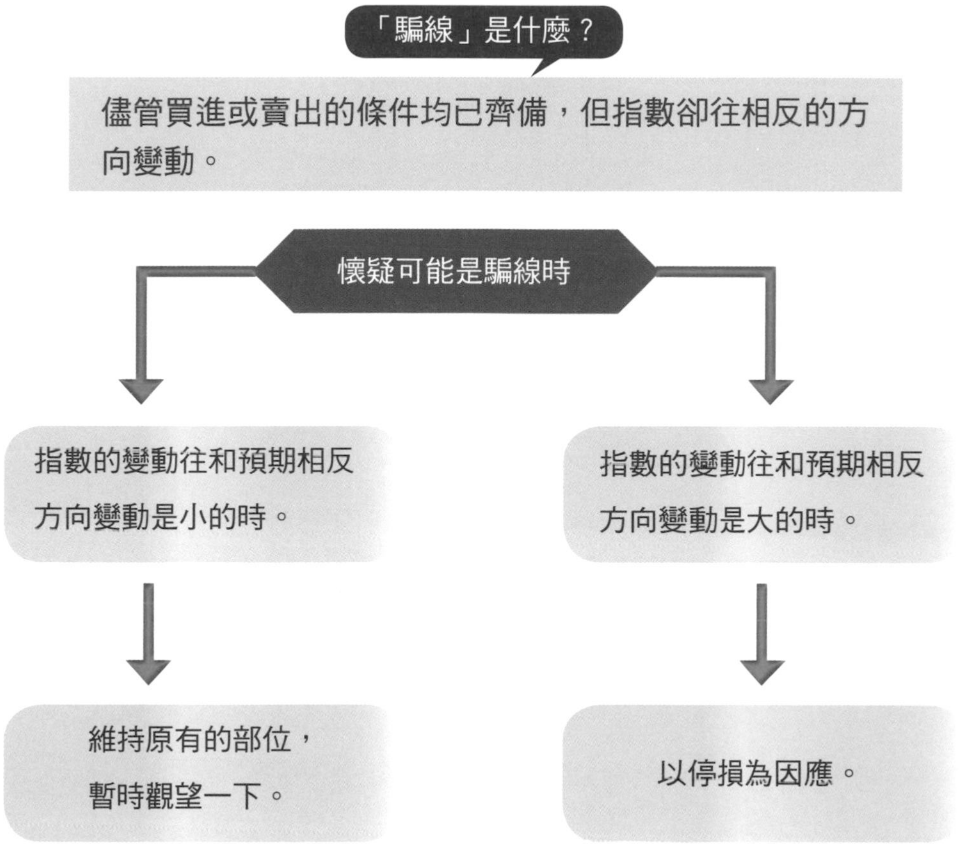

「騙線」是什麼？
儘管買進或賣出的條件均已齊備，但指數卻往相反的方向變動。
懷疑可能是騙線時
指數的變動往和預期相反方向變動是小的時。
指數的變動往和預期相反方向變動是大的時。
維持原有的部位，暫時觀望一下。
以停損為因應。

Point ▶ 若遇到騙線時，應思考持有部位要如何處理。

▶Point 05 遇到騙線後，短時間內不宜再進場

根據本書所介紹的技巧進場，但由於出現騙線，只好停損出場，但沒多久，又出現合於進場的條件，這種事是常有的。本節就來說明遇到這種情形時的因應方法。

請看右頁的 MACD。

在 A 處有死亡交叉。確認有此事，於是進場放空。但不久之後，MACD 發生黃金交叉（在 B 處）。

由此可了解，之前 A 的賣出訊號為一種「欺騙」。那麼，就做停損吧！又，不久之後，在 C 處再度發生死亡交叉。

此時，即使賣出條件已變得齊備，但在此處最好不要介入。

就像這樣，MACD 有時會在短期間內，重複發生交叉。事實上，這是在行情沒有趨勢時所發生的現象。因為迄今為止的趨勢已不存在，即使想要介入，獲勝的機率也會降低。

綜合來說，在剛遭遇到騙線後，即使條件再度變得齊備，也不要介入，可暫時觀望一下。除非在一段時間後趨勢形成又明顯了，若條件變齊備，才考慮再介入。

▶ 圖 05　剛遭遇騙線後的介入條件

（圖片資料來源：台工銀證）

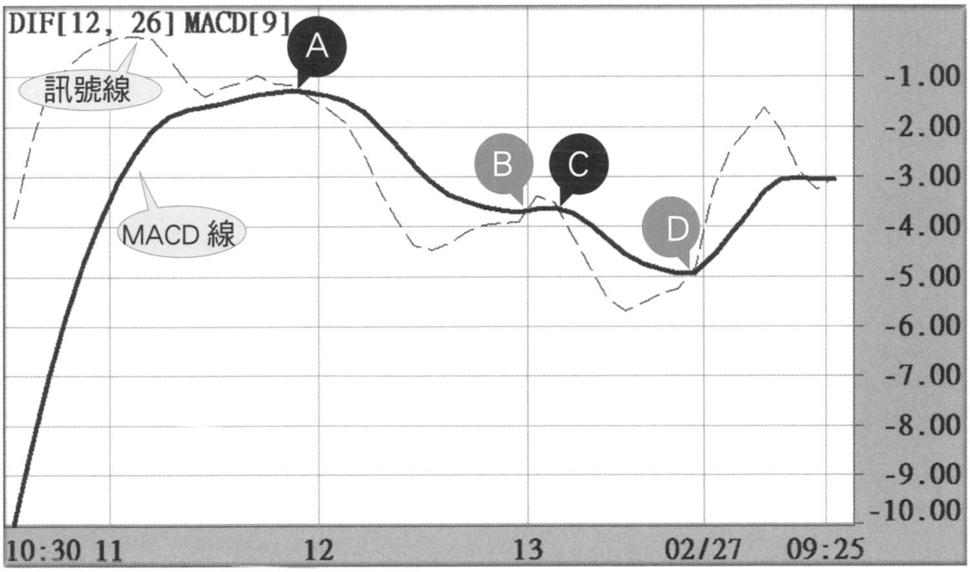

A 在 A 處發生死亡交叉。確認此事，進行賣出。

B 在 B 處 MACD 發生黃金交叉，指數反彈（可反推「A」為騙線）。

C 在 C 處再度發生死亡交叉。即使賣出條件齊備，在此處也不要介入。

D 可判斷目前趨勢不明，宜暫緩進場，應觀望。

Point▶ 在剛遭遇到騙線後，即使條件再度變得齊備也不要介入。

▶Point 06 減少騙線的方法

如前述一樣，要消除騙線一事是相當困難的。

雖然無法消除，但減少遇到騙線的次數是可能的。

就筆者的交易經驗，有些「騙線」只要投資人經驗足、熟知消息面、基本面、技術面等基本功，就可以把被「騙」的機率降低，但這種「功夫」不是一、兩本書就可以說得完全的，必需要有相當的資歷與自我練習才能愈來愈老練，減少被「騙」的機會，而快迅要減少騙線的機會就是配合其他的技術指標，例如，把 K 線圖和成交量、布林加通道、KD(隨機指標)、RCI、ADX、RSI 等等組合來判斷亦可。

這樣做以後，騙線有相當程度的減少。

此外，寫「交易日記」也很有效，每天交易完成後把當天的交易像寫反省日記一樣檢視自己的思路、判斷，日積月累就會有果效。

各位讀者也可以思考其他減少騙線的方法看看。若有發現好的方法時，就可以減少做白費力氣的交易。

▶ 圖 06　**可以讓騙線減少嗎？**

（圖片資料來源：台工銀證）

雖然要消除騙線一事是困難的，但減少遇到騙線的次數是可能的。
例如，和成交量、RSI、KD、ADX 等組合來判斷，有需要的時候也可以改變參數，藉此減少騙線。

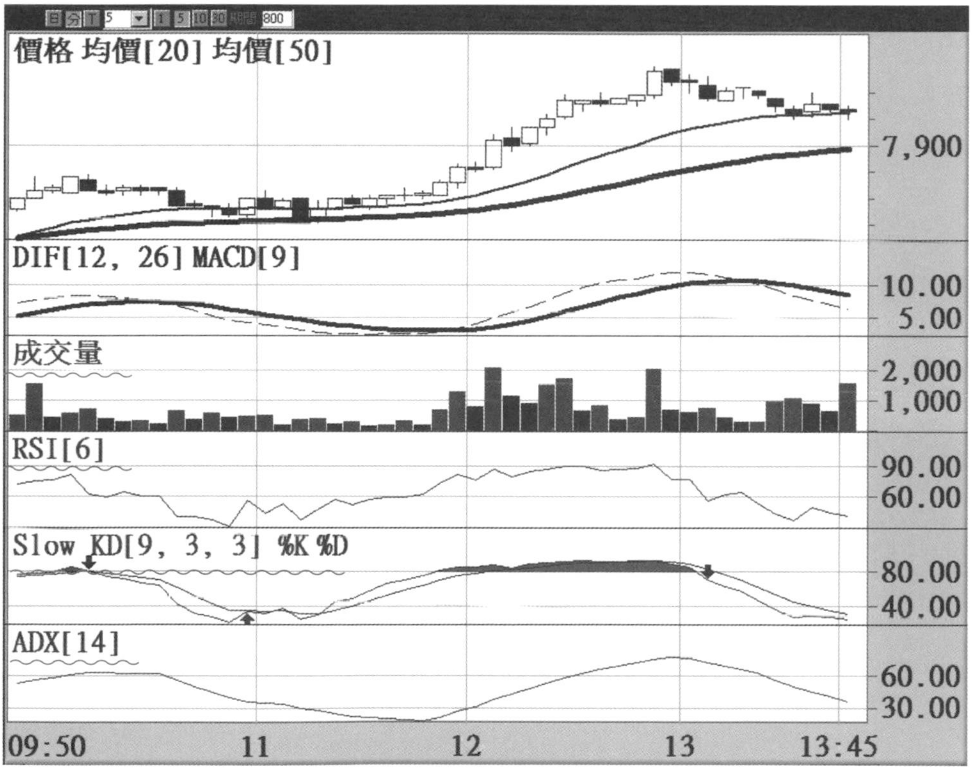

Point ▶ 交易經驗、練基本功、採複數技術指標，都可對付騙線。

▶Point 07 有大獲利的理想線型

僅在SMA呈現理想的線型時才進行介入，這樣對於減少騙線也是效的。

那麼，什麼樣的線型才是理想的呢？

舉實例來說明吧！

請看右頁的線圖。這是台指期2013年3月5日的5分鐘線圖。

20SMA及50SMA在過了10點之後均是往右邊上揚。仔細看時，兩條線約呈平行的狀態。此種「約呈平行」就是理想的線型。

讀者可以觀察，當行情處於小幅度的「壓回」或「反彈」時候，就會成為此種形態。

又，於介入後，若20SMA和50SMA的間隔漸漸加寬的話，是最理想的，投資人若發現這種線型的話，就可能會有大的獲利。

因此，我們可以歸納如下：

- 20SMA和50SMA大約呈平行的狀態。
- 於介入後，若20SMA和50SMA的間隔漸漸加寬的話，最為理想。

以上是最佳情況，因為可能會有好幾次賺錢的機會，若看線圖時出現「似乎是不太好的線型」，就不要介入，等下一次吧！

▶ 圖 07 所謂 SMA 的理想線型？

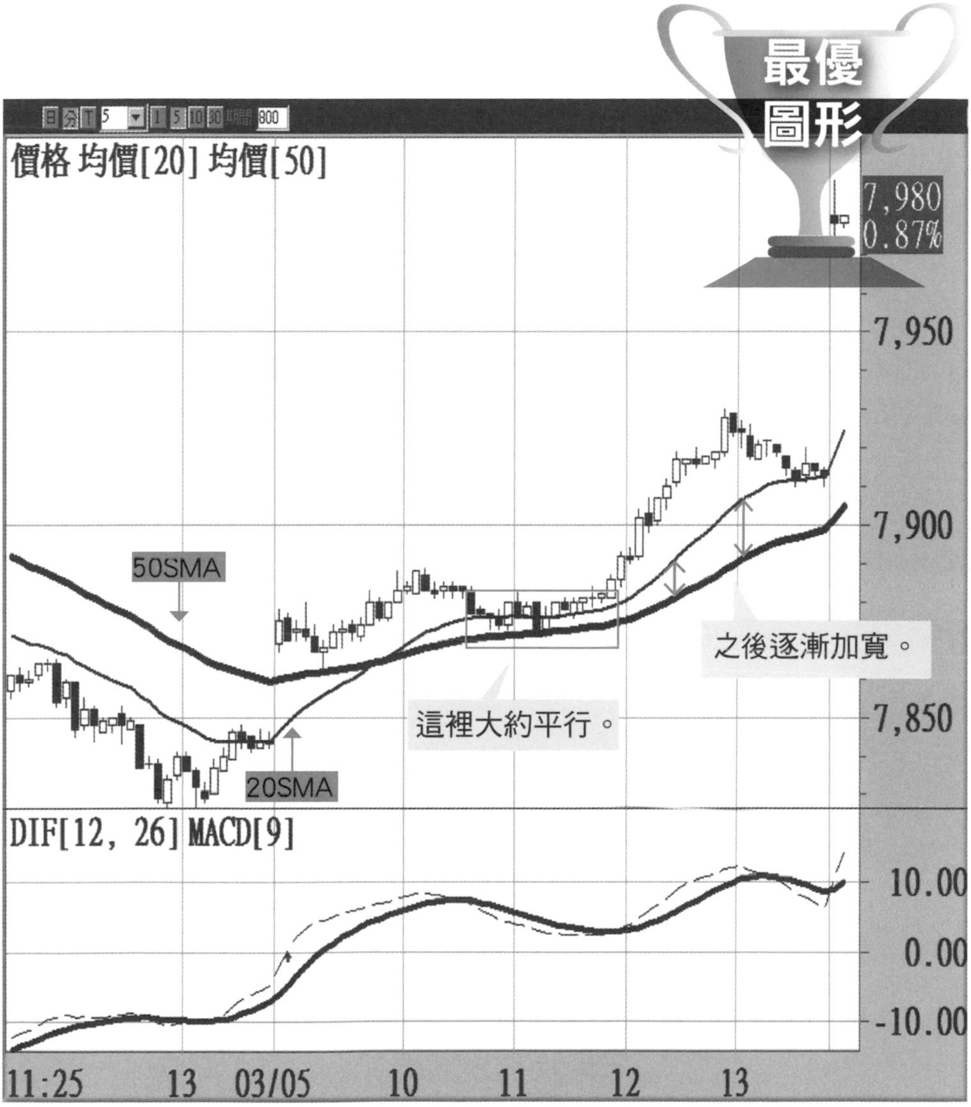

Point 請記住趨勢強的理想線型。

▶Point 08 使用 2 個以上時間範圍的線圖

為了減少騙線，提高獲勝機率，看較長期間的時間範圍（期間長）的線圖也是有效的。

在第一章，已經提過「使用 2 個以上的時間範圍」，在此，再複習一下。

- 數分鐘至數十分鐘之間進行交易的話，利用 5 分鐘線及 15 分鐘線。
- 數小時至數日之間進行交易的話，利用 1 小時線及日線。
- 數日至數週之間進行交易的話，利用日線及週線。

較大數字（較長期間）時間範圍的趨勢，將成為「大的趨勢」。順著此種大的趨勢，就可減少騙線，提高獲勝機率。

例如，想要使用 5 分鐘線做為交易進場時，僅選擇當指數的走勢和 15 分鐘線的 50SMA 方向相同時才可介入。也就是說，萬一 15 分鐘線圖上的 50SMA 方向是向下的，即使 5 分鐘線圖上買進的條件備齊，也不要進場。這種用長線保護短線的方式，也可以減少遇到騙線的發生。

▶ 圖 08　**使用 2 個以上的時間範圍的好處**

較大數字（較長期間）的時間範圍趨勢是「大的趨勢」。
順著此種大的趨勢，就可減少騙線，提高獲勝機率。

例

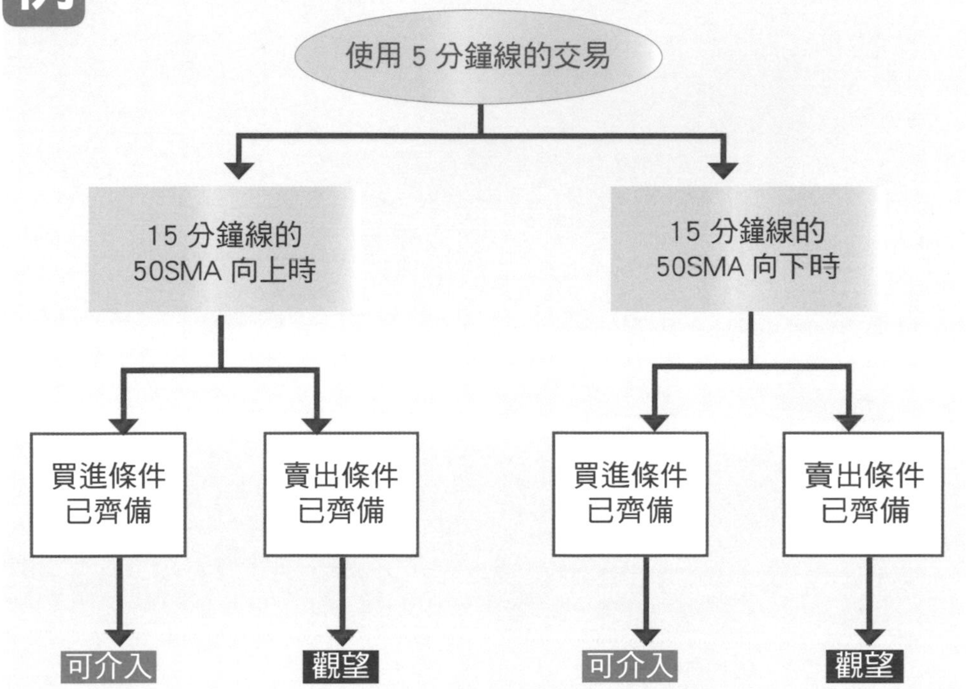

Point ▶ 使用 2 個以上時間範圍的線圖，僅在走勢和 50SMA 的方向相同時才可介入。

Chapter 4

實例解說及練習題

▶Point 01 實例解說　台指期 5 分鐘線圖

本章將以實例解說前文所介紹的交易技巧。從 5 分鐘線開始依序實例解說較長時間的線圖。

右上頁的線圖是台指期 2013 年 3 月 11 日的 5 分鐘線。

請看 A 的附近。

50SMA 的方向是向上(步驟 1)，雖然上揚的角度不明顯，但也有某種程度的傾斜(步驟 2)。

雖然指數曾經一度來到 50SMA 的下方，但又再度來到 50SMA 的上方(步驟 3)。

20SMA 也在 50SMA 的上方(步驟 4)。

由於趨勢是向上的，因為是短線的「順勢交易」故應只考慮做多買進。

觀察到這樣的趨勢後，以 MACD 來做為進場買進的依據。

看 MACD 的 B 處時，MACD 指標的訊號線由下往上突破(步驟 5)。這樣一來，買進條件可以說已齊備了。

上圖已決定買進，於下一根 K 線 C 處，以 C 的 K 線開盤價買進。

買進價格為 8017 點。

買進後，指數上升，當天曾經來到 8060 的最高價。

▶ 圖 01 實例解說 5 分鐘線買進

（圖片資料來源：台工銀證）

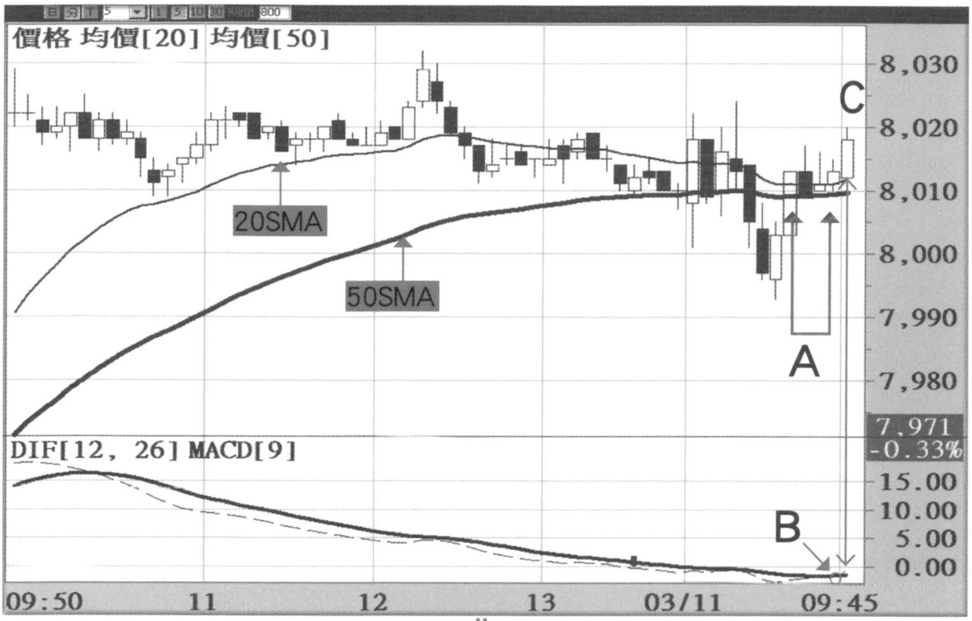

▶Point 02 實例解說　台指期 5 分鐘線圖

本例就來看進行放空賣出的例子。

右頁的線圖是台指期 2013 年 3 月 13 日的 5 分鐘線。

請看 A 的附近。50SMA 的方向是向下，也有某種程度的傾斜（向下彎）。

指數在 50SMA 的下方，20SMA 也在 50SMA 的下方。由於趨勢是向下的，故只考慮做放空賣出的動作。

其次，看 MACD 的 B 處時，發現 MACD 的訊號線由上往下跌破，也就是在 B 處發生死亡交叉。這樣一來，放空賣出條件可以說已齊備了。

以 C 的 K 線開盤價賣出。放空的點位是 8006。

在放空賣出後，只有輕微的反彈，回到 20SMA 附近，這是常有的事，但不久之後就快速下跌，對短線當沖者而言，只要進場時機正確，利潤出現後就可以選擇全部停利或部份停利，對操作者而言壓力較小，勝算就大。

▶ 圖 02　實例解說 5 分鐘線賣出

（圖片資料來源：台工銀證）

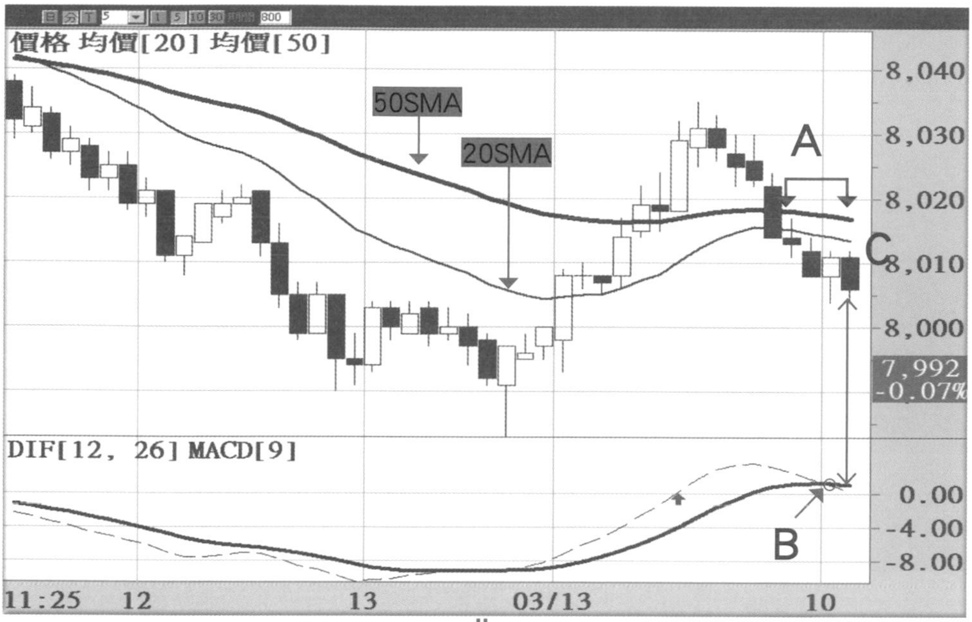

▶Point 03 實例解說　台指期 5 分鐘線圖

看完前面的兩個例子，讀者有特別注意到什麼事嗎？

「MACD 兩條線有可能本來是黃金交叉但突然變死亡交叉或只交叉一下子立刻又重疊了……；另一種可能是它的兩條線長時間貼合，那麼，之後交叉（包括黃金交叉或死亡交叉）該如何？……」。

若你已經觀察到這樣的問題，表示對市場是相當有警覺心的，前一章的內容我們曾提到「騙線」，原則上，當投資人已經發現交易機會，在等待 MACD 進一步標示出手時機時，若 MACD 的表現很不「乾脆」，忽上忽下或整個交纏在一起時，遇到騙線的機會將大增，最聰明的方式是不進場。而若已經進場，就儘早出場以保護本金。

請看右頁範例，圖示 A 的 50SMA 的方向是向下，也有某種程度的傾斜。指數在 50SMA 的下方，20SMA 也在 50SMA 的下方。由於趨勢仍然是向下的，故在此只請思考做賣出的動作。

但看 MACD 時兩條線卻長時間貼合在一起，雖然 B 處發現 MACD 線由上往下穿破出現死亡交叉，看起來可以說賣出條件再度變得齊備。

但在放空賣出後，行情並沒有「立刻」下跌而是盤整之後再下跌。

像這樣，就不是一個好的進場點了，因為有很高機率，在等不到下跌之前，投資人就先出清部位了，而最差的情況是，行情往當初研判的方向逆勢上漲，蒙受的損失更大了。

▶ 圖 03　實例解說 5 分鐘線賣出（失敗範例）

（圖片資料來源：台工銀證）

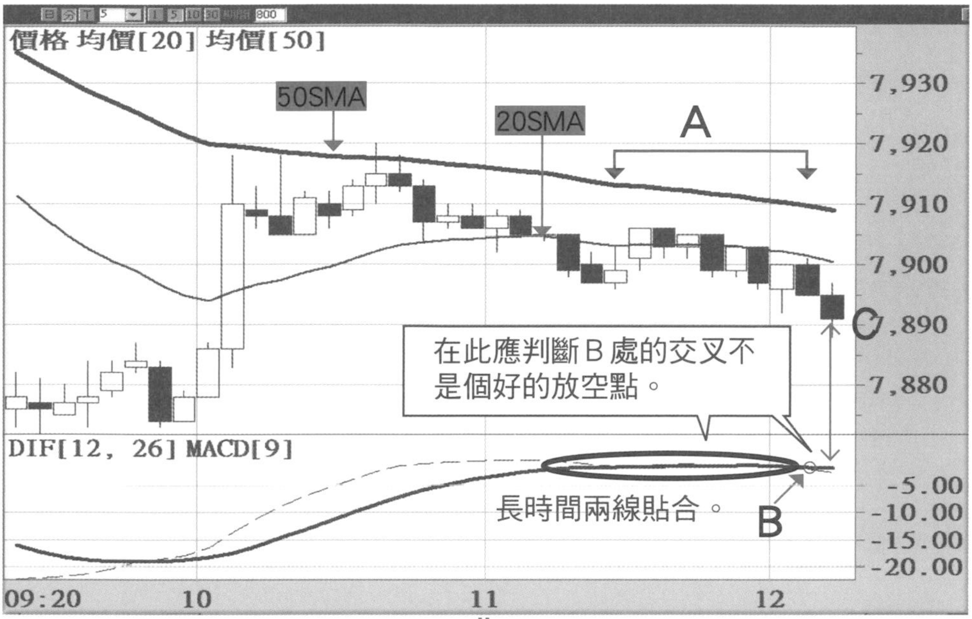

▶Point 04 實例解說 台指期 15 分鐘線圖

其次，來看 15 分鐘線圖的實例。

右頁的線圖是台指期 2013 年 3 月 11 日的 15 分鐘線。

請看 A 的附近。50SMA 的方向是向上的，也有某種程度的傾斜。指數（收盤價）在 50SMA 的上方，20SMA 也在 50SMA 的上方。由於趨勢是向上的，故只考慮僅做買進的動作。

其次，看 MACD 的 B 處時，MACD 的訊號線由下向上突破。這樣一來，買進條件可以說已齊備了。

以 C 的 K 線的開盤價買進。買進點位為 8040 點。

買進後行情急速上升，拉出一根大陽線，但第二根 K 線則有點「後繼無力」，留下了一根很長的上影線。以 15 分鐘線的節奏，在一路上升的走勢中，出現長上影線，說明上面有壓力，對短線交易而言，應該在這裡停利為宜，不要戀棧。

▶ 圖 04　**實例解說　15 分鐘線買進**　（圖片資料來源：台工銀證）

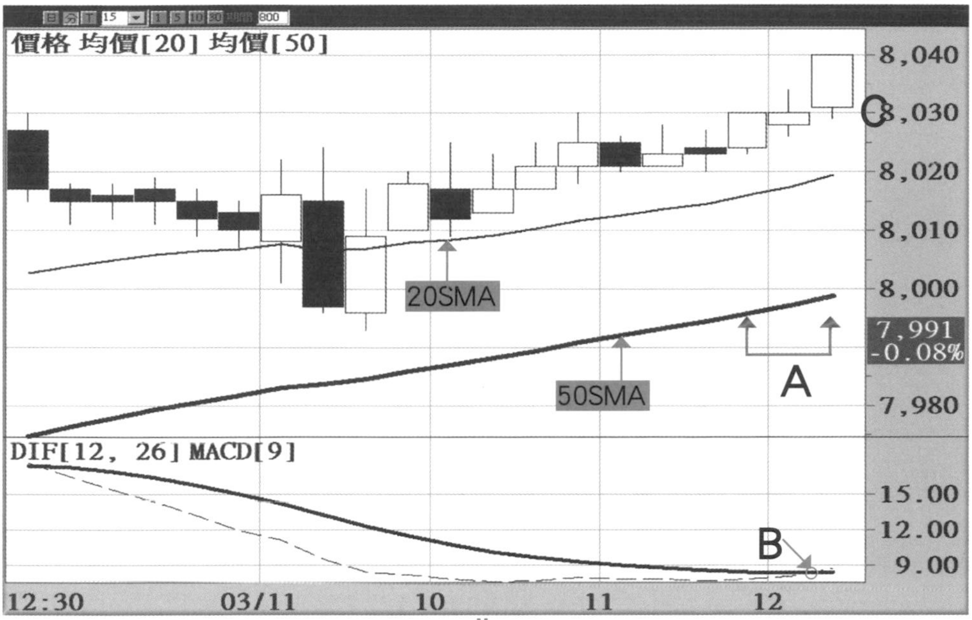

▶Point 05 實例解說 台指期 15 分鐘線圖

再來看一個 15 分鐘線圖的實例。此次，是進行賣出的例子。

右頁的線圖是 2013 年 1 月 17 日的 15 分鐘線圖。

請看 A 的附近。50SMA 的方向是向下的，也有某種程度的傾斜。

指數（收盤價）在 50SMA 的下方，20SMA 也在 50SMA 的下方。由於趨勢是向下的，故請只考慮做放空賣出的動作。

其次，看 MACD 的 B 處時，MACD 的訊號線由上向下突破。這樣一來，賣出條件可以說已齊備了。

以 C 處 K 線的開盤價賣出。放空的點位為 7675 點。

其後，大幅下跌，曾經跌超過 7600 點。

像這樣，只要進場選對正確的時間，就不容易碰到必需停損的困難決定，勝算就可以提升了！

▶ 圖 05　實例解說 15 分鐘線賣出

（圖片資料來源：台工銀證）

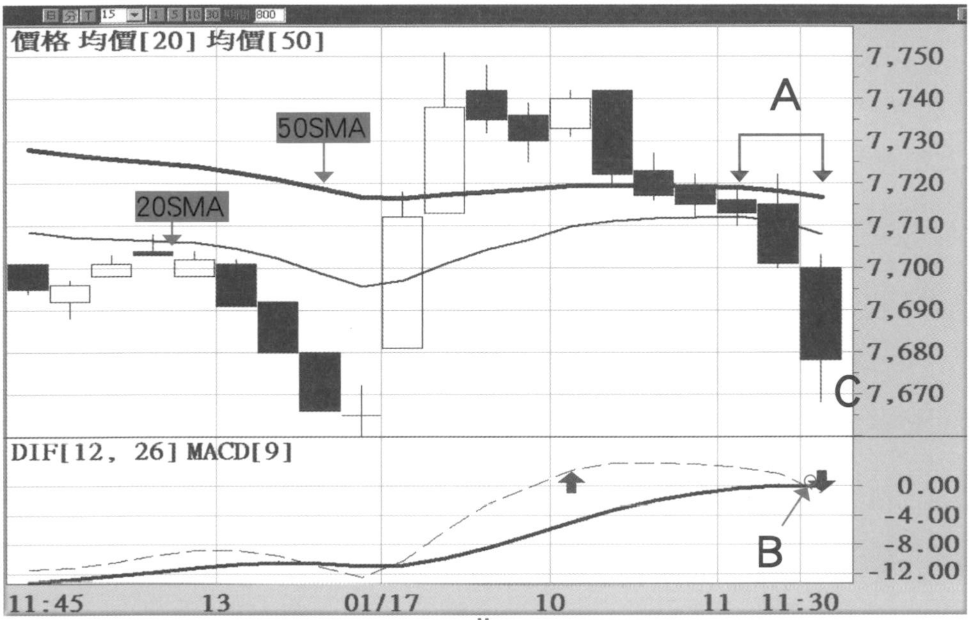

▶Point 06 實例解說　台指期 30 分鐘線圖

來看 30 分鐘線圖的實例。

雖然使用 30 分鐘線做台指期短線的交易人不多，但若你的操作屬於兩、三天一個波段，30 分鐘倒是不錯用。

首先，既然是兩、三天一個波段，就表示投資人可能必需忍受較大的帳面損失，而其目標也是放在較大的收益。故在資金控管上，相對於用 5 分或 15 分鐘線，投入的資金就應該比較少。

右頁的線圖是台指期 2013 年 3 月 8 日的 30 分鐘線。

請看圖示 A 的附近。50SMA 的方向是向上，也有某種程度的傾斜。指數在 50SMA 的上方，20SMA 也在 50SMA 的上方。由於趨勢是向上的，故只考慮做多買進的動作。

其次，看 MACD 的 B 處時，發現 MACD 線由下往上突破。這樣一來，買進條件可以說已齊備了。如此，可以以下一條 K 線（C 的 K 線）開盤價買進。買進的點位為 8011 點。

在買進後，行情進展稍嫌緩慢，甚至一度跌到 20SMA 才得到支撐，但過了一個週末、週日之後，行情上漲有超過 50 點以上的利潤。

利用長一點的時間段進行交易（如這裡的 30 分鐘線）投資人得有心理準備，停損點不能像短時間交易那樣設計得太淺，當然，獲利也不宜設得太淺。

圖 06　實例解說 30 分鐘線買進

（圖片資料來源：台工銀證）

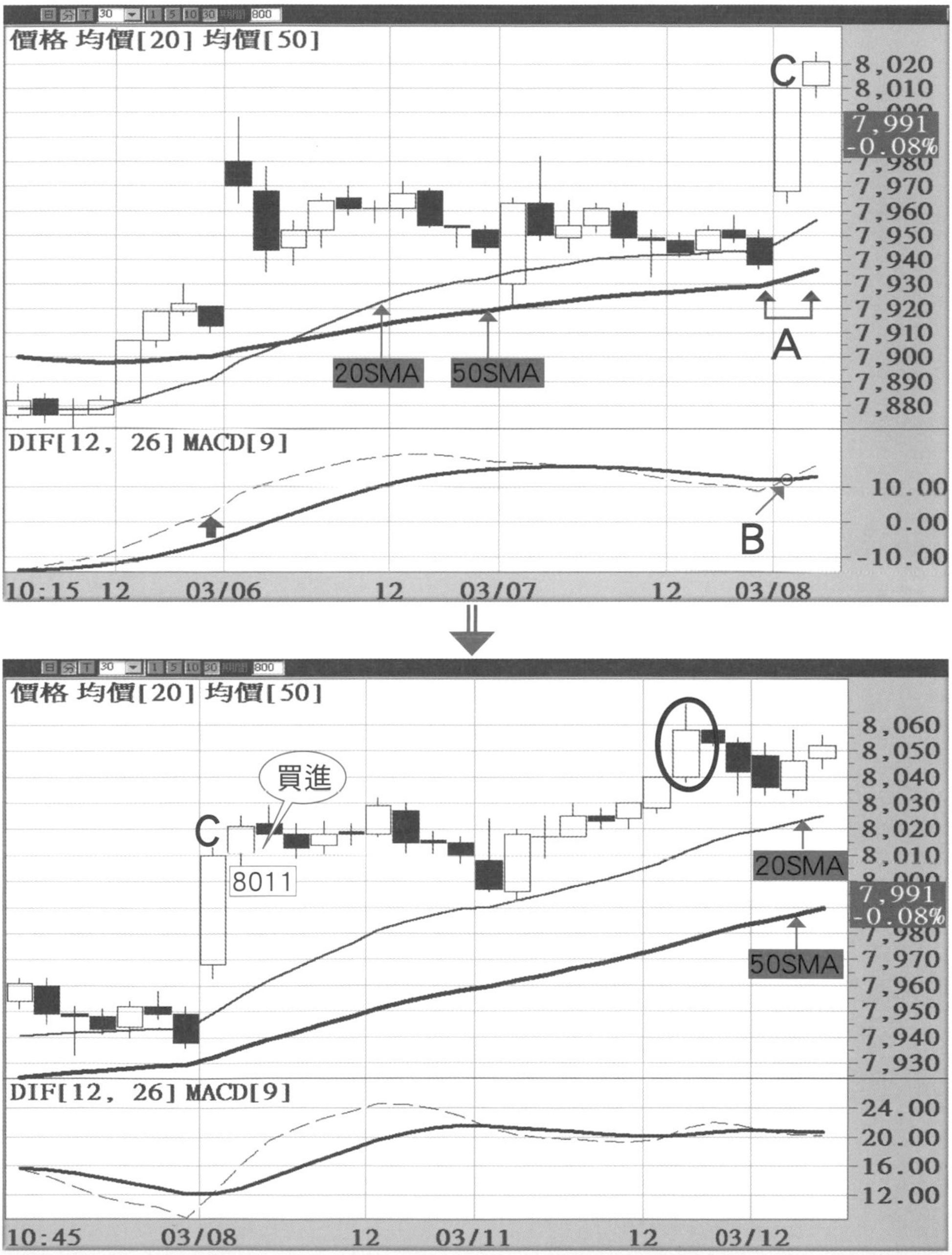

▶Point 07 實例解說　台指期 30 分鐘線圖

再來看一個 30 分鐘線圖的實例。此次，是進行賣出的例子。

右頁的線圖是台指期 2013 年 1 月 11 日的 30 分鐘線。

請看 A 的附近。50SMA 的方向是向下的，也有某種程度的傾斜。20SMA 也在 50SMA 的下方。由於趨勢是向下的，故只考慮做放空賣出的動作。

看 MACD 的 B 處時，MACD 線由上方向下突破。這樣一來，賣出條件可以說已齊備了。

但叫投資人有疑慮的是上圖圖示中「甲」有一根很長的黑 K 線，一般說來，急跌往往迎來反彈，對短線者相當不利，但觀察急跌的位置，剛好跌破一個底部（圖示中「乙」），可說明這裡有一種恐慌性的下跌，所以，還是可以按照進場規則在 C 的位置放空。

以 C 的 K 線開盤價進場放空。放空點位為 7625 點。若投資人在收盤前平倉，也有幾十點的收益。

對於順勢交易者而言，不但要了解進場規則，交易的各種基本常識，包括型態學、K 線、技術面、基本面與籌碼等等都需要深入了解，這樣才能在死板板的規則底下，做出更精準的判斷。以本例而言，雖然急跌有可能迎來立刻的反彈，但因為它處在一個突破性的點位，再加上當天消息面出現不利的訊息，嗅得出市場有「恐慌」的拋售味道，才能大膽的加入空頭陣營。

▶ 圖 07　實例解說 30 分鐘線的賣出

（圖片資料來源：台工銀證）

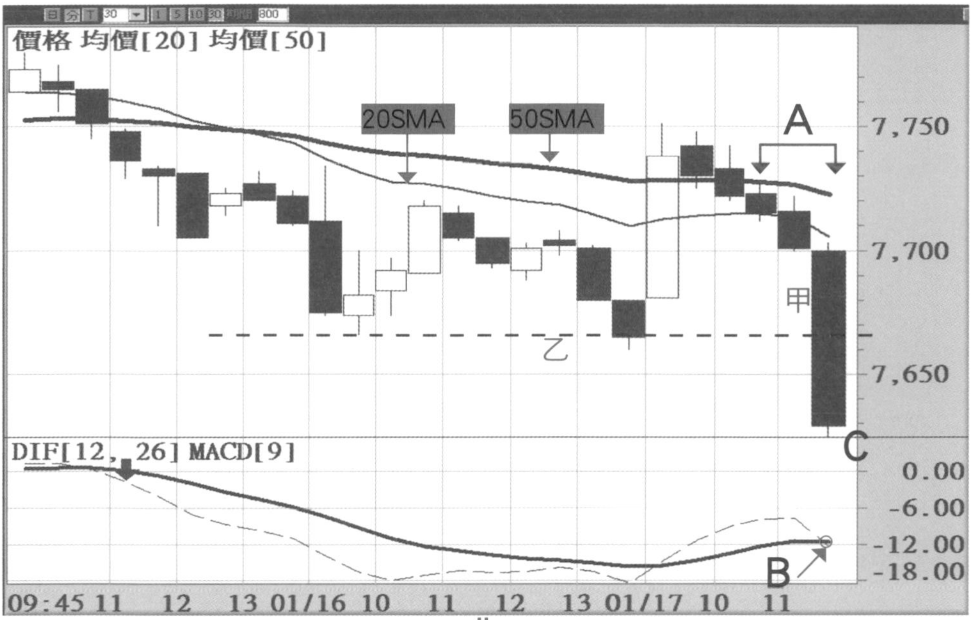

▶Point 08 實例解說 台指期 1小時線圖

做台指期捨當沖而做波段交易的投資人，採用 1 小時線的有不少。基本上採用 1 小時交易的用意是看準行情會有較大的指數變動，另外，它的好處是若看對行情，可以省下可觀的交易手續費，也能賺進較大的利潤。另一個好處是「騙線」出現的機會較少，不過，缺點則是萬一看錯行情又停損太慢，損失也很大

跟用分鐘 K 線來捉行情的規則一樣，原有的找尋買進步驟，在這裡同樣適用。那麼，就來看 1 小時線圖的實例。

右圖是 2012 年 12 月 12 日的 1 小時線圖。

請看 A 的附近。50SMA 的方向是向上的，也有某種程度的傾斜。指數（收盤價）在 50SMA 的上方，20SMA 也在 50SMA 的上方。由於趨勢是向上的，故只考慮僅做買進的動作。

其次，看 MACD 的 B 處時，MACD 的訊號線由下方向上突破。這樣一來，買進條件可以說已齊備了。

以 C 的 K 線開盤價進行買進。買進的點位是 7637 點。隔天行情來到超過 7700 點以上，算是很漂亮的圖形，進場後的第二天（13 日）收盤前行情突然急拉大漲（圖示「D」處），最好在這裡停利出場，雖然行情也有可能續攻，但對採取槓桿倍率高的短線交易者而言，沒有特殊的價格型態或基本面理由，在急漲之後最好還是落袋為安。

相對的，若是買進後價格變動幅度太小或價格沒有朝預期的方向前進的話，也應該停損。

▶ 圖 08　**實例解說 1 小時線的買進**

（圖片資料來源：台工銀證）

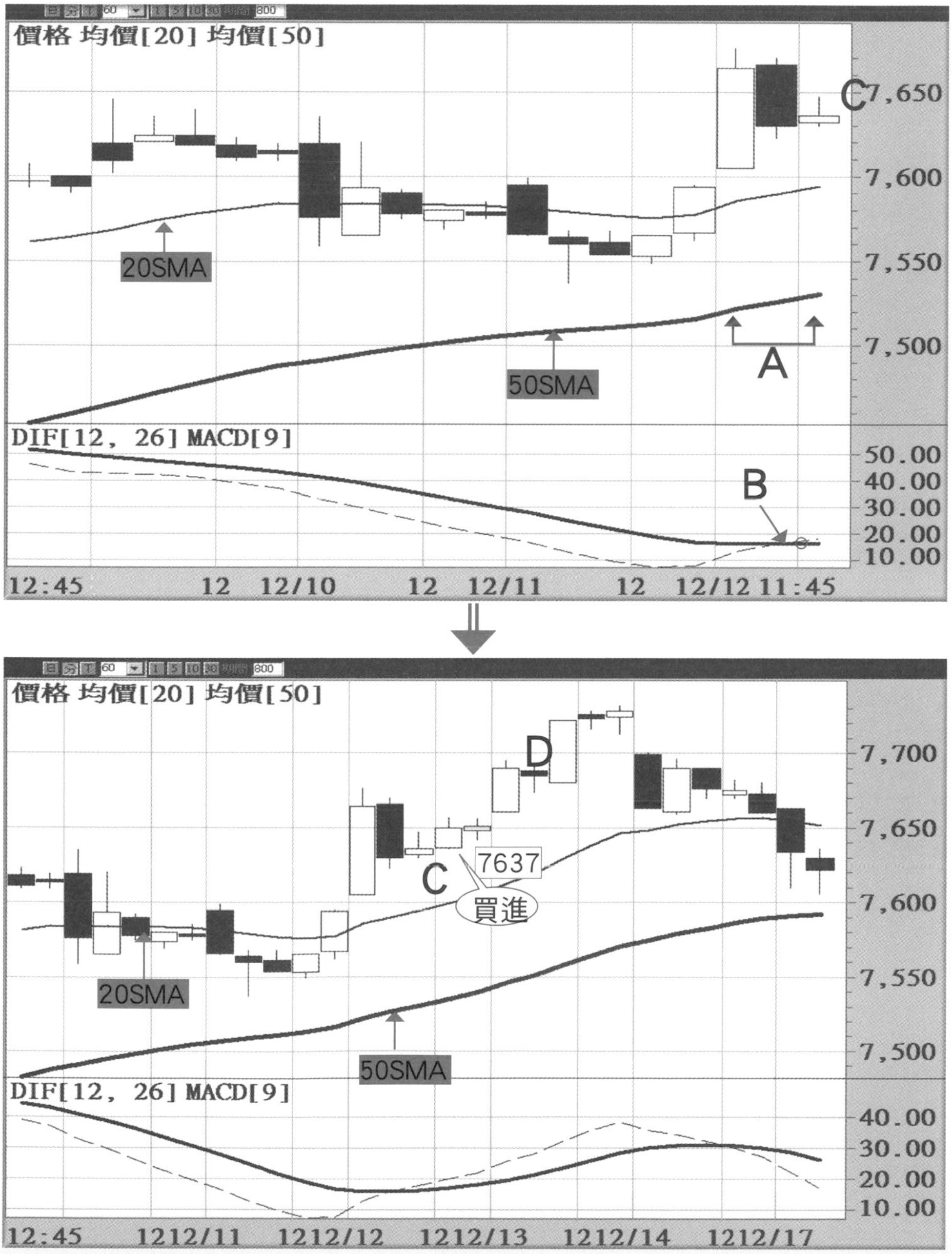

▶Point 09 實例解說 台指期 1小時線圖

再來看一個 1 小時線圖的實例。此次，是進行放空賣出的例子。

右頁的線圖是台指期 2012 年 10 月 19 日的 1 小時線。

請看 A 的附近。50SMA 的方向是向下的，也有某種程度的傾斜。20SMA 也在 50SMA 的下方。由於趨勢是向下的，故只考慮做賣出的動作。

其次，看 MACD 的 B 處時，MACD 的訊號線由上向下突破在 B 處發生死亡交叉。這樣一來，賣出條件可以說已齊備了。

在 C 處 K 線以開盤價放空賣出。放空點位為 7347 點。在放空賣出後，隔天大幅下跌之後橫盤。其後，又再度急速下跌，曾經來到接近 7000 點的低價。

仔細觀察時，在 D 處也有發生死亡交叉。50SMA 的方向是向下的，也有某種程度的傾斜，指數在下方，20SMA 也在下方，就像這樣，賣出條件又齊備了，因此，在 D 處又可以建立賣出部位！

使用 1 小時線進行交易時，因為期間較長，故常有獲得較大差價的機會。投資人可巧妙地利用在下一章將說明的跟蹤停損 / 跟蹤停利方式，在顧及風險之外還是可以獲取較大的差價。

▶ 圖 09　**實例解說 1 小時線賣出**

（圖片資料來源：台工銀證）

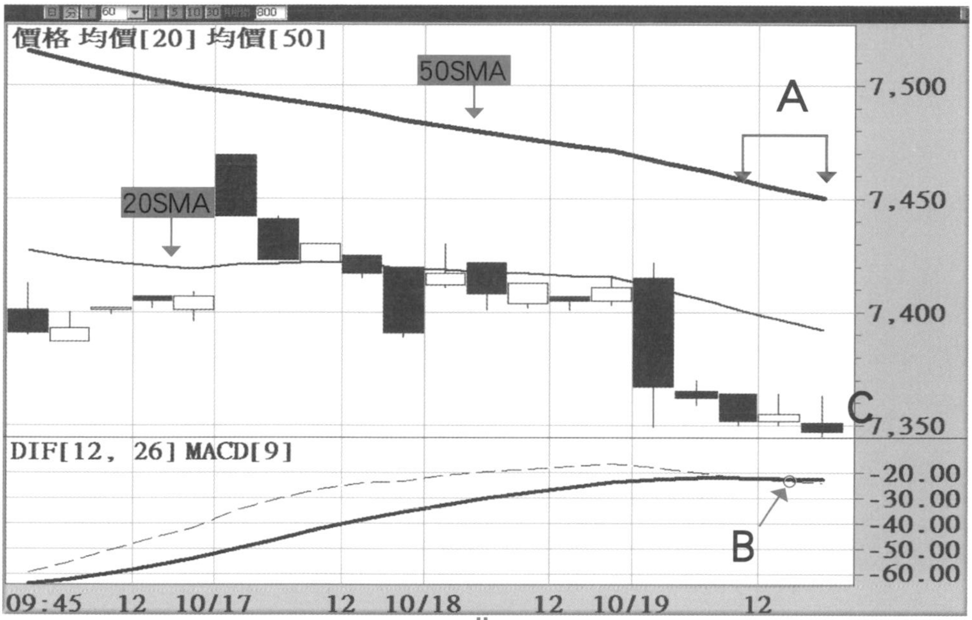

▶Point 10 實例解說 台指期 日線圖

本書所介紹的交易技巧，在任一種時間範圍均可使用。當然，日線也可以使用。

右圖是 2013 年 1 月～ 3 月的日線圖。

請看 A 的附近。

50SMA 的方向是向上的，也有某種程度的傾斜。指數在 50SMA 的上方，20SMA 也在 50SMA 的上方。由於趨勢是向上的，故請思考僅做買進的動作。

其次，看 MACD 的 B 處時，MACD 的訊號線由下向上突破，在 B 處發生黃金交叉，這樣一來，買進條件可以說已齊備了。

以 C 的 K 線開盤價買進，買進的點位為 7836 點，大約半個月後，行情曾上漲來到 8000 點。

只要買進的點位是正確的，進場後在任何時機出場都有機會獲利。

圖 10　實例解說 日線買進

（圖片資料來源：台工銀證）

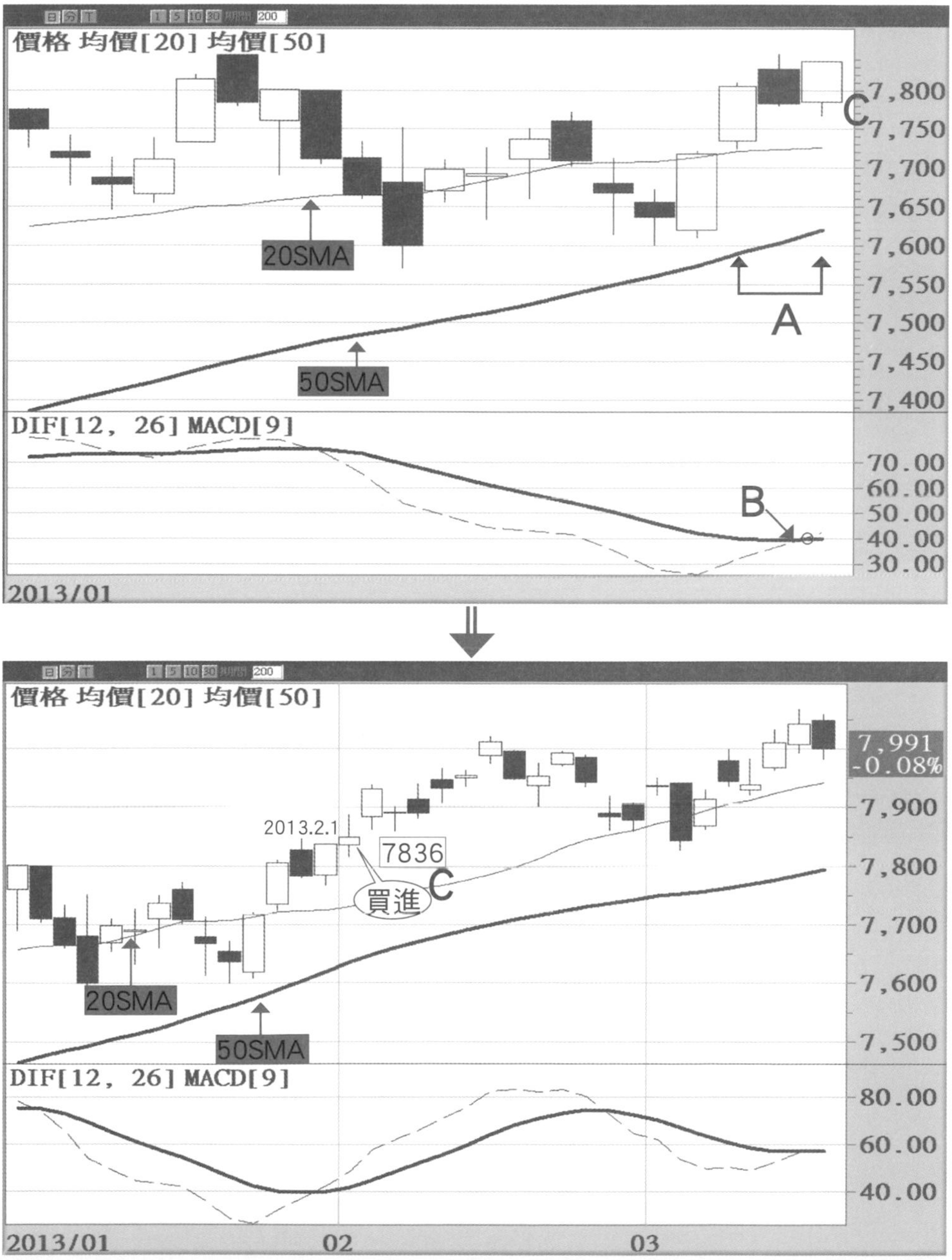

▶Point 11 實例解說 台指期 日線圖

再來看一個日線圖的實例。此次，是進行放空賣出的例子。

右頁的線圖是台指期 2012 年 6 月～ 8 月的日線。

請看 A 的附近。50SMA 的方向是向下的，也有某種程度的傾斜。

指數在 50SMA 的下方，20SMA 也在 50SMA 的下方。

由於趨勢是向下的，故只考慮做放空賣出的動作。

其次，看 MACD 的 B 處時，MACD 的訊號線由上向下突破。這樣一來，賣出條件可以說已齊備了。

以 C 的 K 線開盤價賣出。放空賣出的點位為 7042 點。

雖然放空當天行情大漲，出現了將近 70 點的帳面損失，但以日線交易投資者而言，採取的是「波段交易」，停損的價差幅度有稍微加大的必要。

這裡的意思是，若是採用分鐘線交易（如 5 分、15 分、30 分），停損可能只能容許 10 點～ 20 點，但採日線交易，停損就必需設深一點（例如 50 點～ 100 點），這樣才能賺到波段的數百點行情。

▶ 圖 11　實例解說 日線賣出

（圖片資料來源：台工銀證）

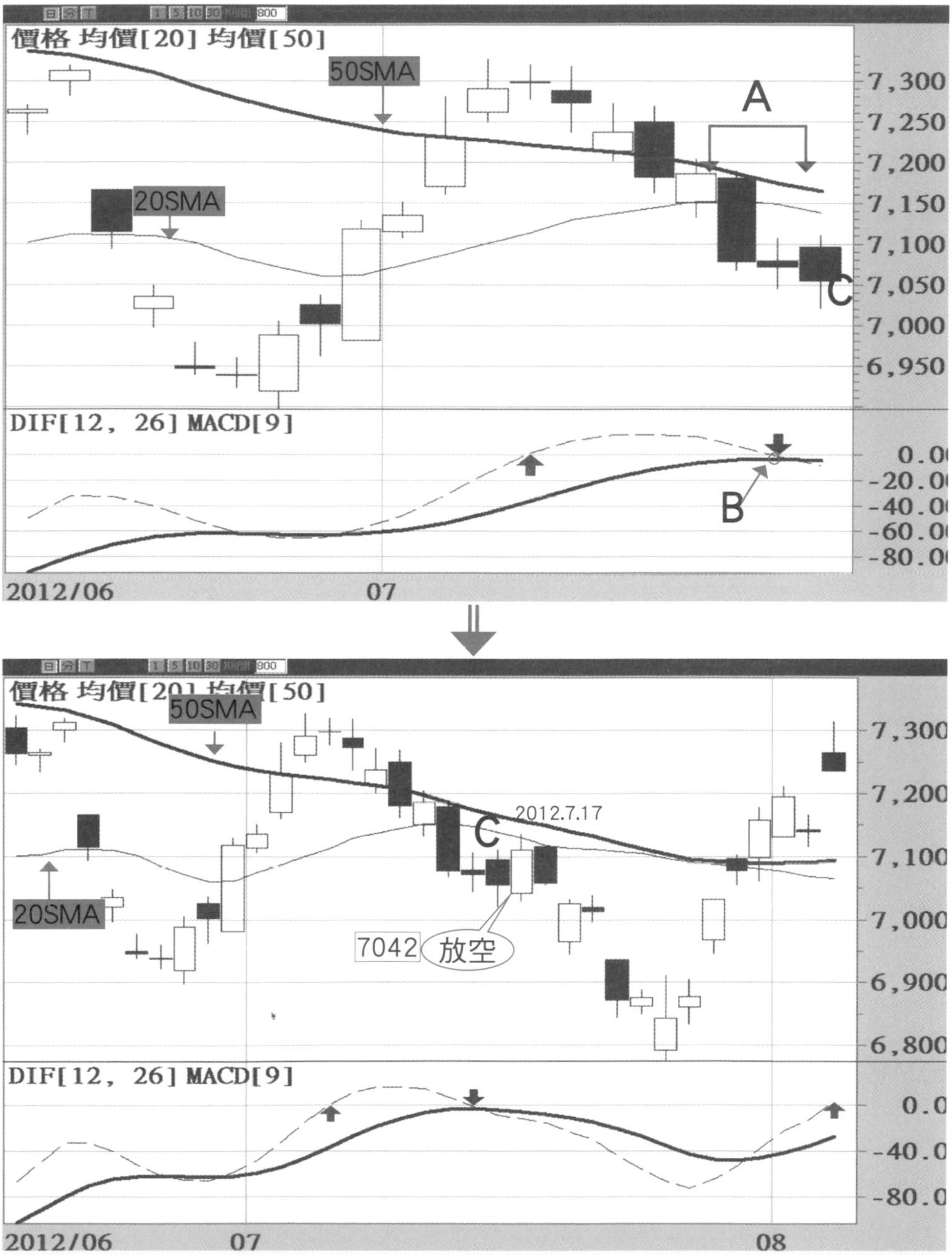

股票超入門系列叢書

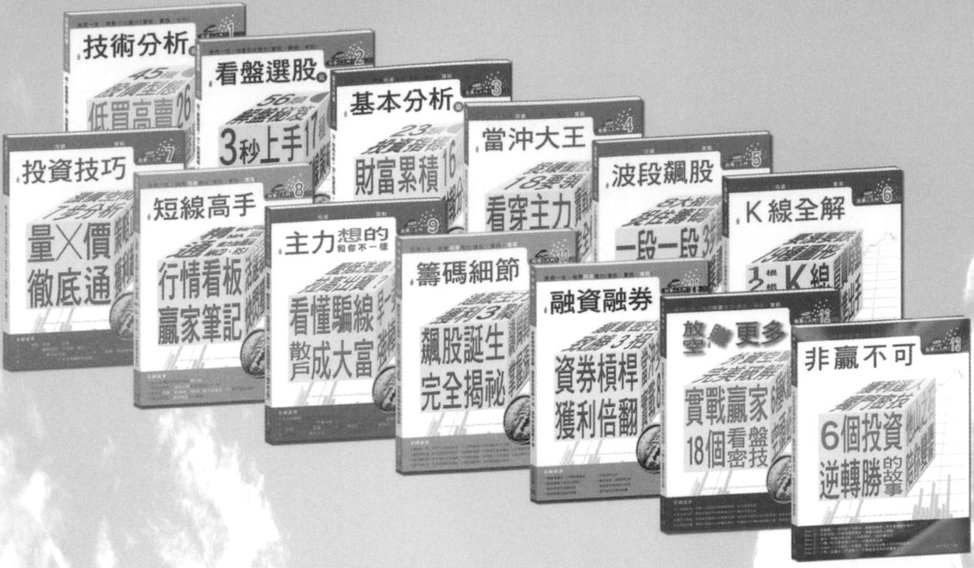

- 股票超入門①技術分析篇——定價249元——
- 股票超入門②看盤選股篇——定價249元——
- 股票超入門③基本分析篇——定價249元——
- 股票超入門④當沖大王——定價450元——
- 股票超入門⑤波段飆股——定價399元——
- 股票超入門⑥K線全解——定價249元——
- 股票超入門⑦投資技巧——定價249元——
- 股票超入門⑧短線高手——定價249元——
- 股票超入門⑨主力想的和你不一樣——定價299元——
- 股票超入門⑩籌碼細節——定價349元——
- 股票超入門⑪融資融券——定價249元——
- 股票超入門⑫放空賺更多——定價299元——
- 股票超入門⑬非贏不可——定價399元——

……持續產出中

【訂購資訊】 http://www.book2000.com.tw

郵局劃撥：帳號/19329140 戶名/恆兆文化有限公司

ATM匯款：銀行/合作金庫(代碼006)/三興分行/1405-717-327091

貨到付款：請來電洽詢 TEL 02-27369882 FAX 02-27338407

▶Point 12　練習題之一：5 分鐘線的買進

接下來是練習題，請先不急著看答案。本頁的線圖是台指期的 5 分鐘線。在 A 處，MACD 成為黃金交叉，在 B 的 K 線，所有的買進條件已齊備了。可以用下一條 K 線的開盤價建立買進部位嗎？

提示：

50SMA 的傾斜程度稍有不太明顯的感覺。

20SMA 和 50SMA 的位置關係似乎是不錯的。

仔細看線圖時，發現行情已突破近期壓力區創了新高價。

（圖片資料來源：台工銀證）

先想一想，再看次頁答案

解答：

可以建立買進部位。

說明：

如在提示處所記載的一樣，50SMA 的傾斜程度稍有不太明顯的感覺。然而，細看確實有傾斜，並非是接近橫向移動的狀態。

20SMA 和 50SMA 有自平行稍微加寬的傾向。此為相當好的形態。

此外，當仔細看線圖時，已突破「某壓力區」(見「C」水平線)。根據經驗，就像這樣，當 MACD 發生交叉，同時有突破「某處」時，獲勝機率是相當高的(關於「支撐・壓力」，請參考「i 世代 5- 買賣點」、「股票超入門 1- 技術分析篇」等書)。

(圖片資料來源：台工銀證)

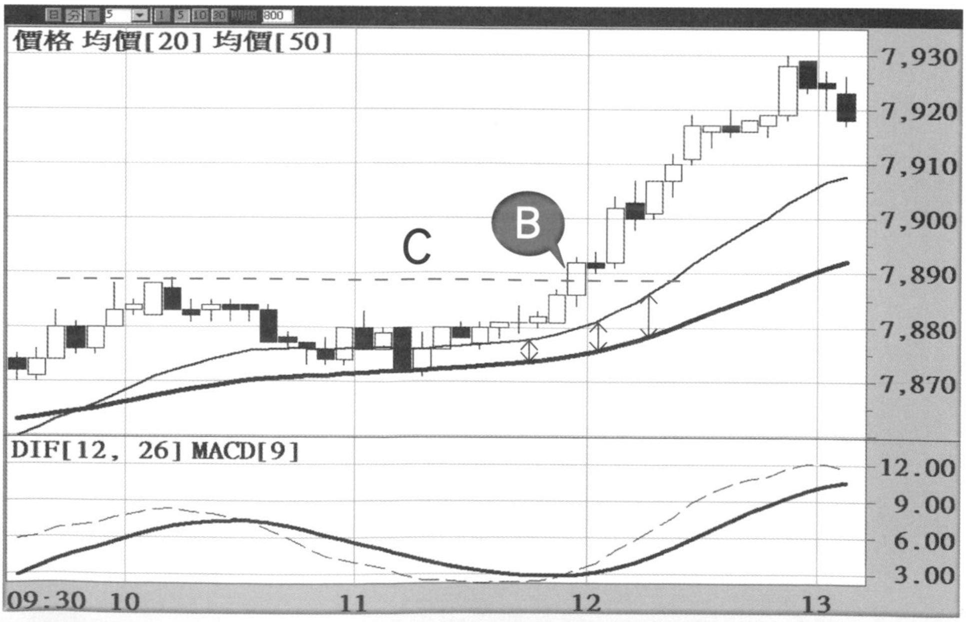

▶ Point 13 練習題之二 5 分鐘線的賣出

本頁的線圖是台指期的 5 分鐘線。

在 A 處，MACD 成為死亡叉，在 B 的 K 線，所有的放空賣出條件已齊備了。可以用下一條 K 線的開盤價建立放空部位嗎？

提示：

MACD 在很短的時間本來是黃金交叉，又變為死亡交叉。要考慮這種情況下遇到「騙線」的機率增加。

（圖片資料來源：台工銀證）

先想一想，再看次頁答案

解答：

不要建立放空賣出的部位。

說明：

雖然B處看起來每一項條件都合於在下一根K線開盤處做放空的條件，可是MACD並不是很乾脆的死亡交叉，而是在之前很短的時間內曾出現黃金交叉，之後又很像水平線一樣，只是略為出現死亡交叉，在這種情況下，騙線的機會很高，故在這裡既不買進也不賣出。

（圖片資料來源：台工銀證）

▶Point 14　練習題之三　5 分鐘線的賣出

本頁的線圖是台指期 2013 年 3 月 4 日的 5 分鐘線。

在 A 處，MACD 成為死亡交叉，且所有條件都合於本書所提的放空規則。可以在 B 處之後用下一條 K 線的開盤價建立賣出部位嗎？

提示：

雖然按照規則進出可以提高勝率，但並不表示沒有風險。

若熟悉行情形態、K 線、消息面、籌碼面等等技術分析與基本分析則可以增加勝算，當覺得進場點有點勉強時，也可以不用死守規則，或要用更嚴格的方式進行停損。

（圖片資料來源：台工銀證）

先想一想，再看次頁答案

解答：

可以建立賣出部位，但發現走勢不如預期應即時停損。

說明：

按著規矩進場放空後，行情沒有立刻下跌，而是出現盤整，因為當天進場交易時，指數已經跌一大段了，出手點並不算很好，在40幾分鐘的盤整之後，行情在C處突破了底部的盤整區（說明行情趨勢可能逆轉了），再觀察MACD(圖示中「D」處)，發現本來的死亡交叉一下子就變成黃金交叉，兩條線交纏在一起，所以，最好在C處直接認賠出場。

（圖片資料來源：台工銀證）

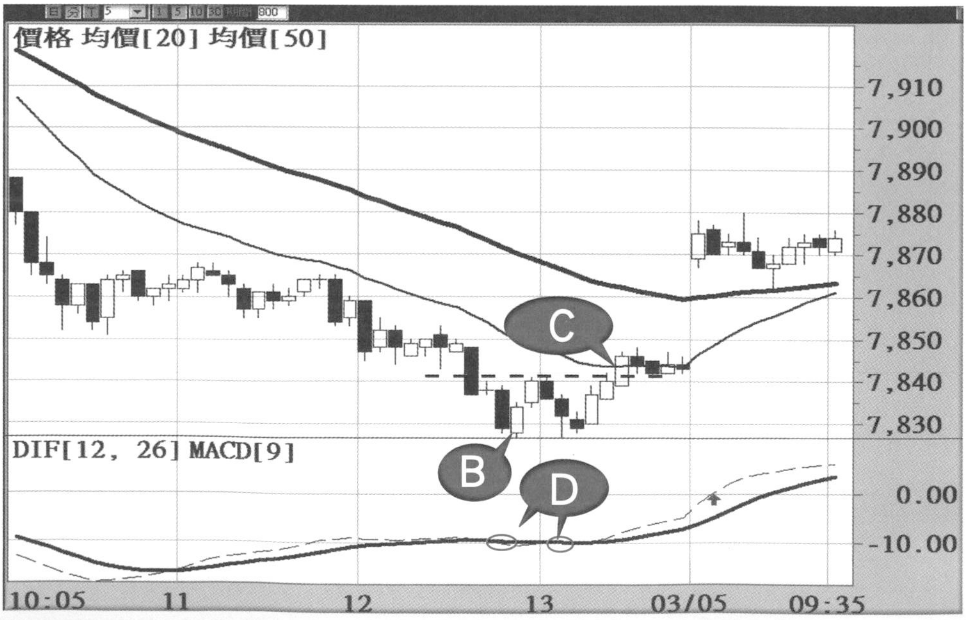

▶ Point 15　練習題之四　日線的買進

本頁的線圖是台指期 2013 年 9 月的日線圖。

在 A 處，MACD 成為黃金交叉，看起來是合於規則，可以在 B 處的下一條 K 線的開盤價建立買進部位嗎？

提示：

留意 50SMA 的傾斜程度。

行情出現了突破某個關鍵價位。

（圖片資料來源：台工銀證）

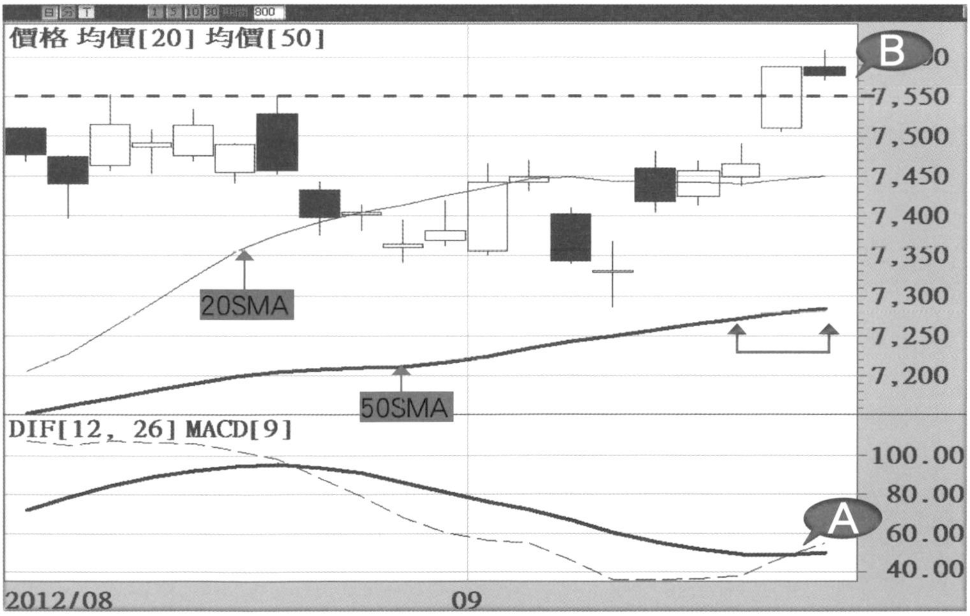

先想一想，再看次頁答案

解答：

可以建立買進部位。

說明：

按照規則來看，投資人應該在 B 處之後的下一根 K 線買進，但若配合指數圖形，在行情突破水平壓力線，又合於買進規則之前，就可以早一步「卡位」，在 B 處就能買進了。因為這裡的範例是「日線」相對於分鐘線較不容易出現騙線，所以，一則 50SMA 上揚的角度很漂亮，又突破壓力線，綜合考慮後，早一天建立買進部位也是合宜的。

就像這樣，在實際進行交易時，應根據各種事來做判斷，這是很重要的。

（圖片資料來源：台工銀證）

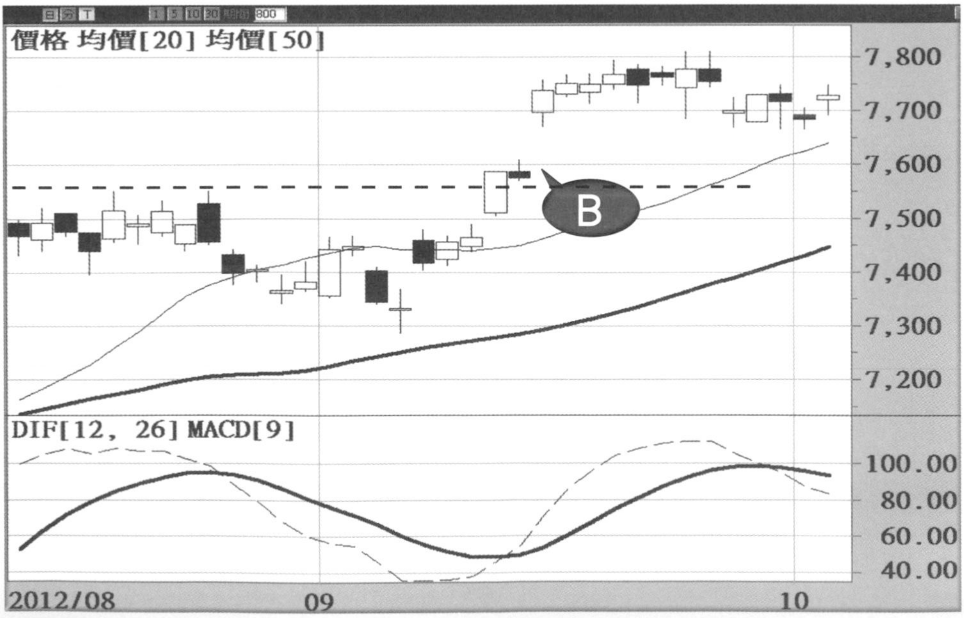

▶ *Point* 16　練習題之五　日線的買進

本頁的線圖是台指期 2013 年元月的日線圖。

在 A 處，MACD 成為黃金交叉。

可以用 B 的下一條 K 線的開盤價建立買進部位嗎？

提示：

請留意利用日線圖交易期貨應該注意的事項，例如，投資人不能投入過多的資金，因為「輸贏很大」。

另外，萬一遇到行情沒有朝自己預期方向反應時，該如何因應。

（圖片資料來源：台工銀證）

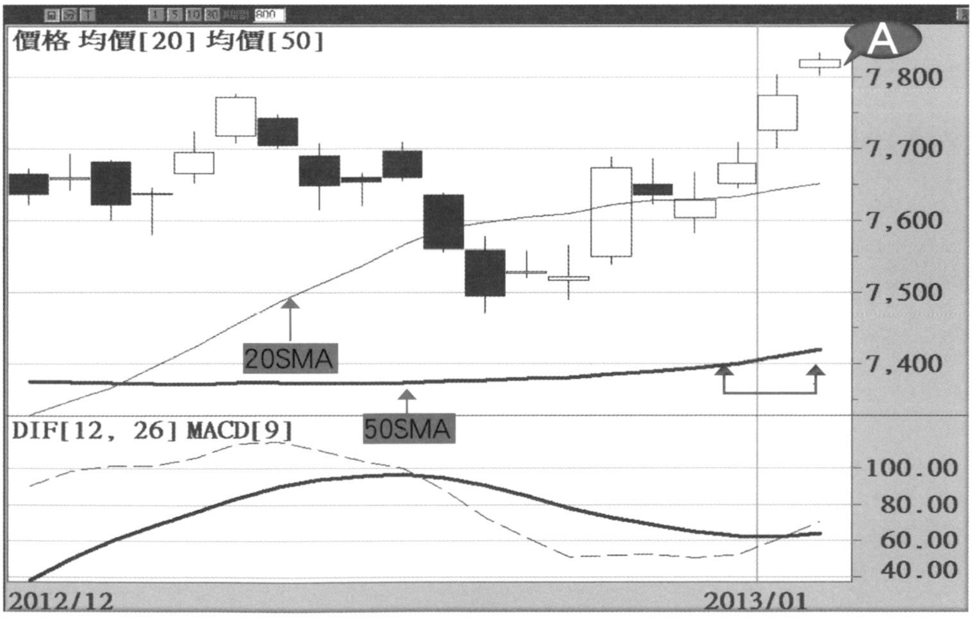

先想一想，再看次頁答案

解答：

可以建立買進部位。但也要適時停損

說明：

按照規則在 B 的下一根 K 線做買進動作之後，指數連跌了三天，MACD 也平貼交纏在一起（請見圖示「C」），此時，可以支撐繼續持有部位的理由大概就就是 50SMA 仍處於上揚的傾斜狀態。不過，此時即使先認賠出場也是合格的交易。同樣的判斷方式，在圖示中「E」做買進，就是獲利的，因為 D 處的黃金交叉很乾脆，買進後七、八天的時間 漲幅就將近 200 點。在實際進行交易時，「做錯而必需停損」、「因出場太早而損失」等等都是常常會碰到的事。

（圖片資料來源：台工銀證）

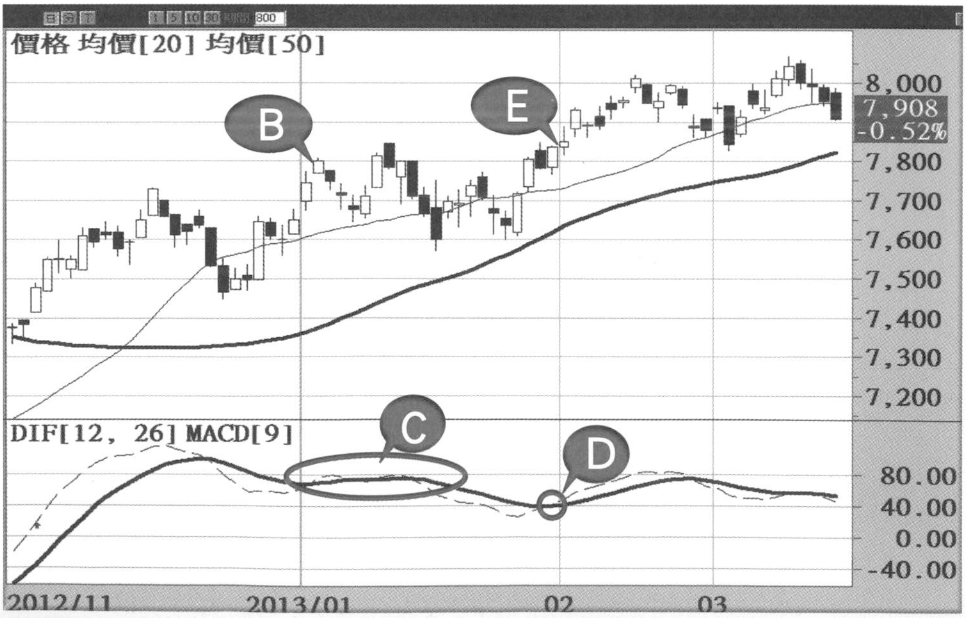

▶ *Point* *17* 練習題之六 30 分鐘線的賣出

本頁的線圖是台指期 2013 年 3 月 4 日的 30 分鐘線圖。上面還加了期貨投資人常用的布林加通道。

在 A 處，MACD 成為死亡交叉。可以在 B 處用下一條 K 線的開盤價建立賣出部位嗎？

提示：

雖然圖形合於進場規則，但若不是很有信心，可以加上其他的指標一起做判斷。這裡的指標是布林加通道。

（圖片資料來源：台工銀證）

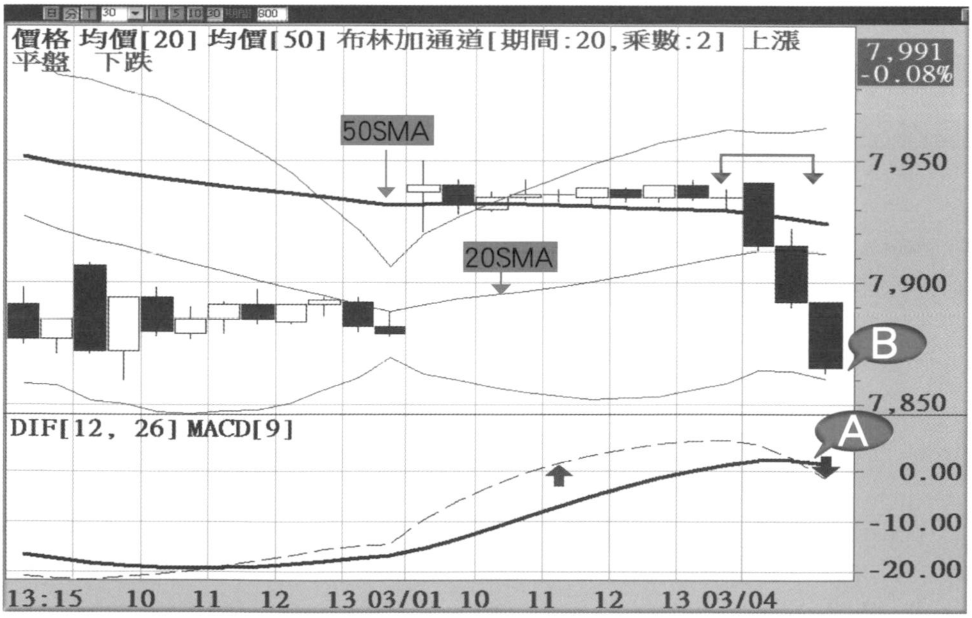

先想一想，再看次頁答案

解答：

可以建立賣出部位。

說明：

從規則來看，在「B」處的下一根K線放空賣出是沒有問題的。但是，三根大陰線直接強力急跌，是否「太超過」了呢？遇到這種不容易下決定的情況，投資人可以配合自己信任的指標，或利用當時的盤中新聞，包括觀察日本、韓國、大陸指數的變化等等進一步研判行情續跌的機率高？還是反彈的機率高？本例是利用布林加通道，雖然從圖上來看，它很接近布林加通道的-2δ，但還在通道之內，所以可判斷行情應該還有續跌的空間。

（圖片資料來源：台工銀證）

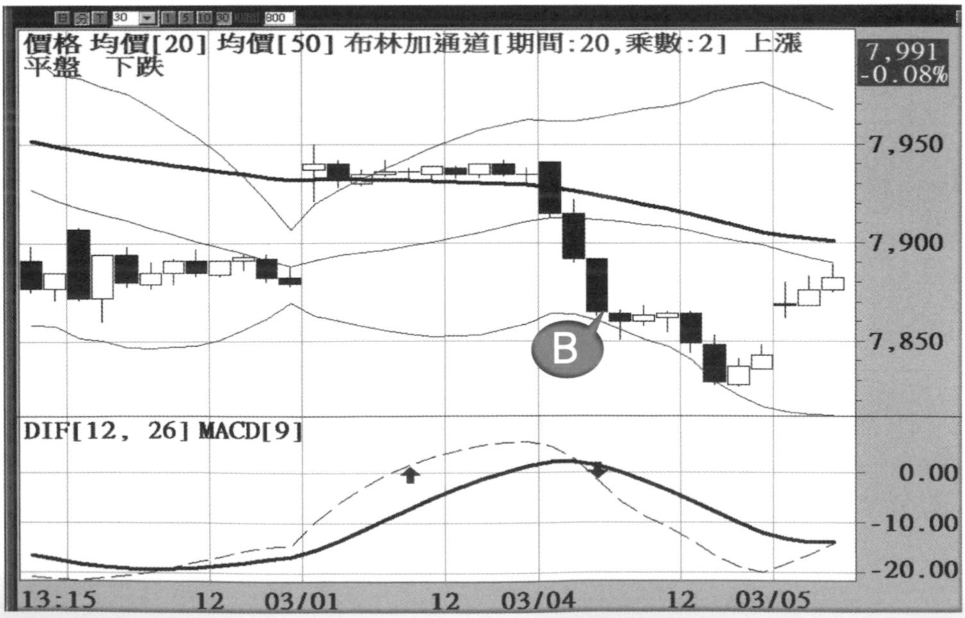

▶Point 18　練習題之七　5 分鐘線的賣出

本頁的線圖是台指期 2013 年 3 月 15 日的 5 分鐘線圖。

在 A 處，MACD 成為死亡交叉。50SMA 並沒有明顯的傾斜。但圖示中「B」的 K 線收盤在 50SMA 之下。不過 20SMA 則剛剛穿過 50SMA 出現黃金交叉，並不合於規則。

可以在 B 的下一條 K 線用開盤價建立賣出部位嗎？

提示：

在本書的放空進場規則中，20SMA 必需在 50SMA 之下。

（圖片資料來源：台工銀證）

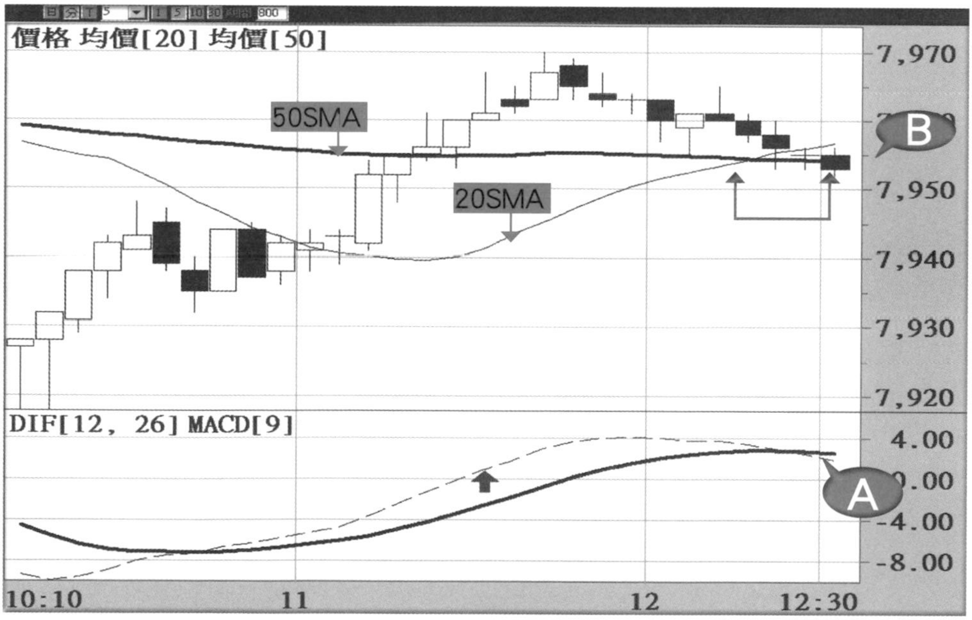

先想一想，再看次頁答案

解答：

不可以建立放空賣出部位。

說明：

實際進行期貨交易時，常會出現行情與交易規則有些微差異，想進場，怕失敗，不進場，又覺得機會失去了很可惜，如此兩難的情況。

重點來了，交易時，可以「放寬規則」嗎？筆者認為，當然可以。

不過，一定要有相當的理由，至少，對交易者本身來說，是必需相當清楚放寬條件的具體理由在那裡。總之，期貨交易最忌諱憑感覺交易，那即使「矇」對了，獲利了，也不是一項成功的交易。只能說運氣好而已。

（圖片資料來源：台工銀證）

Chapter 5

風險管理

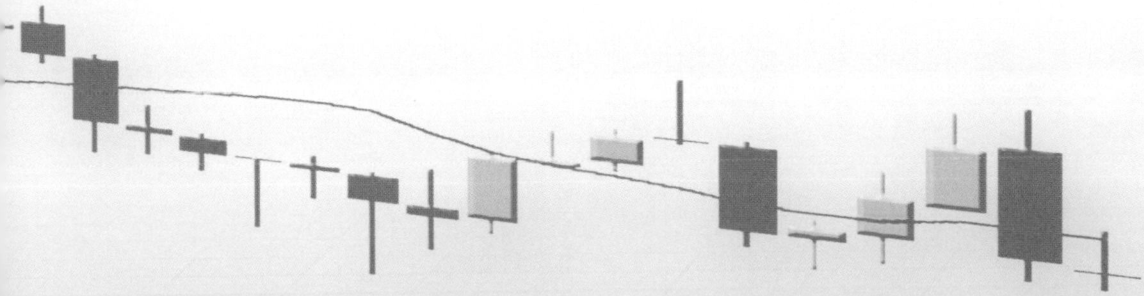

▸ *Point 01*　重要的是高明的輸法

本章要學習風險管理相關的事。

雖然看清楚介入時機是重要的，但風險管理也是同等重要的。

任何人在交易中都無法做到百戰百勝。不管是使用那一種交易技巧，必定有輸的時候。若因上漲機率高而進行買進，但結果卻是下跌，這是經常會遇到的事。

問任何一位操作短線交易（包括當沖）的投資人，在每天的交易中，頻繁進出，有時甚至一天之中會輸好幾次。

面對虧損的時候，首先，不要著急，也不要自責，應該在心中要掛念著「高明的輸法」一事。

要如何才能做到高明的輸法呢？

有些人會認為「輸錢沒有高明、不高明之分」，如果你也認為是這樣，那就很難變成交易高手！

然而，確實有高明的輸法。

如果能做到這件事，即使在交易中有虧損，整體而言，最終應可獲利才對。

▶ 圖 01　短線投資人應在心理上接受有「高明的輸法」這件事

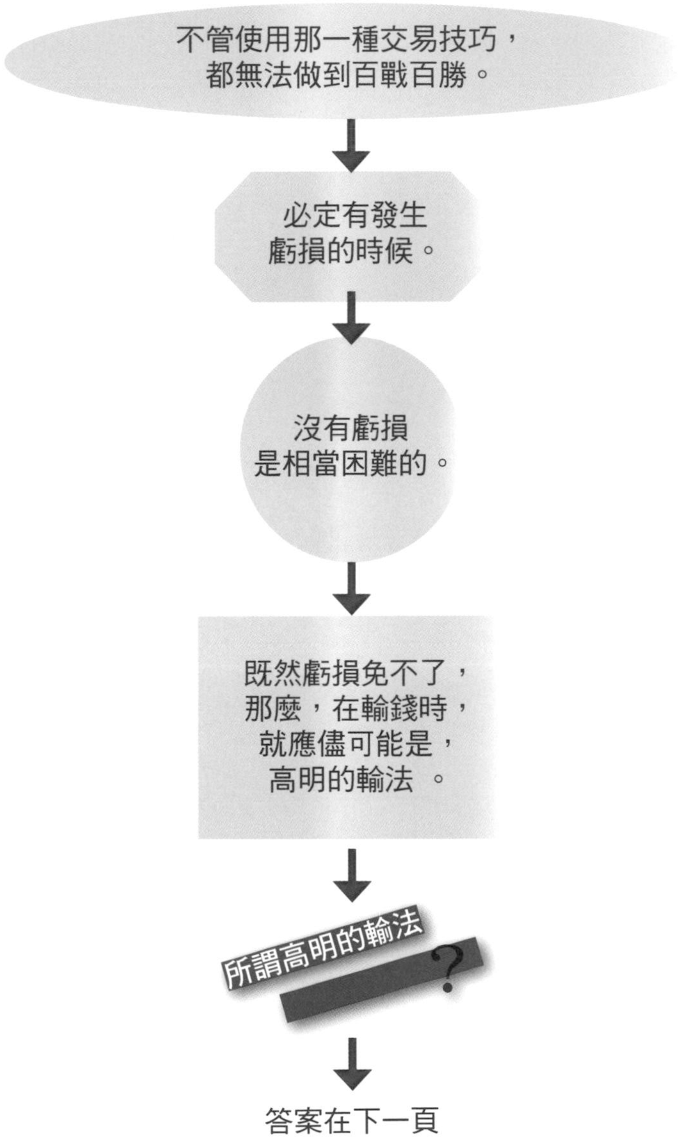

不管使用那一種交易技巧，
都無法做到百戰百勝。
必定有發生
虧損的時候。
沒有虧損
是相當困難的。
既然虧損免不了，
那麼，在輸錢時，
就應儘可能是，
高明的輸法 。
所謂高明的輸法
?
答案在下一頁

Point ▶ 虧損免不了，但應找到就整體而言最終是獲利的方法。

▸Point 02 成為會做停損的交易人

所謂「高明的輸法」，是怎樣的交易呢？

就是「停損」。

換句話說，「高明的輸法」就是在帳面損失還未變大之前將部位平倉，讓損失金額確定下來。

例如，在 8000 點時買進台指期。其後，指數下跌。不知會下跌到何種價位。當然，越下跌的話，持有部位的潛在損失就會越大。若能於潛在損失還未變大之前即平倉，在平倉後，不管之後再怎麼下跌，損失也不會擴大（這是當然的事）。

例如，以 8000 點買進後，當指數下跌至 7950 點停損平倉。其後即使行情下跌到 6000 點、5000 點，損失也不會擴大。

這就是停損。

在期貨交易，會賺錢的人都是在適當的時候會做停損的人。

▶ 圖 02　高明的輸法＝停損

例

買進

以 8000 點做多買進台指期。

下跌

指數不知道會下跌到那裡。

潛在損失

越下跌的話，潛在損失就會越大。

停損賣出

在潛在損失未變大之前，以 7950 點平倉，結清部位。

在期貨交易，
會賺錢的人都是在適當的時
候會做停損的人。

Point ▶ 停損就是高明的輸法。

▶Point 03　資金為賺錢的工具

「為何刻意讓損失金額確定下來呢？即使下跌，只要我忍耐住，繼續保持部位的話，說不定還會再上漲吧！」

在期貨交易上，有不少人會有這樣的想法。

確實，即使下跌，有時候會再度上漲。只要忍耐住，繼續保持部位的話，潛在損失有時會轉變成潛在獲利。

然而，指數有時根本就無法回到原來的價格，或比想像中下跌更多。此時，手上的資金將大幅減少。

對交易人而言，資金是重要之物。資金是「賺錢的工具」。這種重要之物不應讓其大幅減少，而是應讓其大幅增加。

試想，輸掉一次就讓資金大幅減少，那未也免太笨了。

兩相權衡之下，選擇在損失未擴大之前，就斷然平倉出場，在下一次交易中，轉換心情會比較好。

因為隨時都會有賺錢的機會，故沒有必要堅持當初進場時的想法！

▶ 圖 03　**不要讓資金大幅減少！**

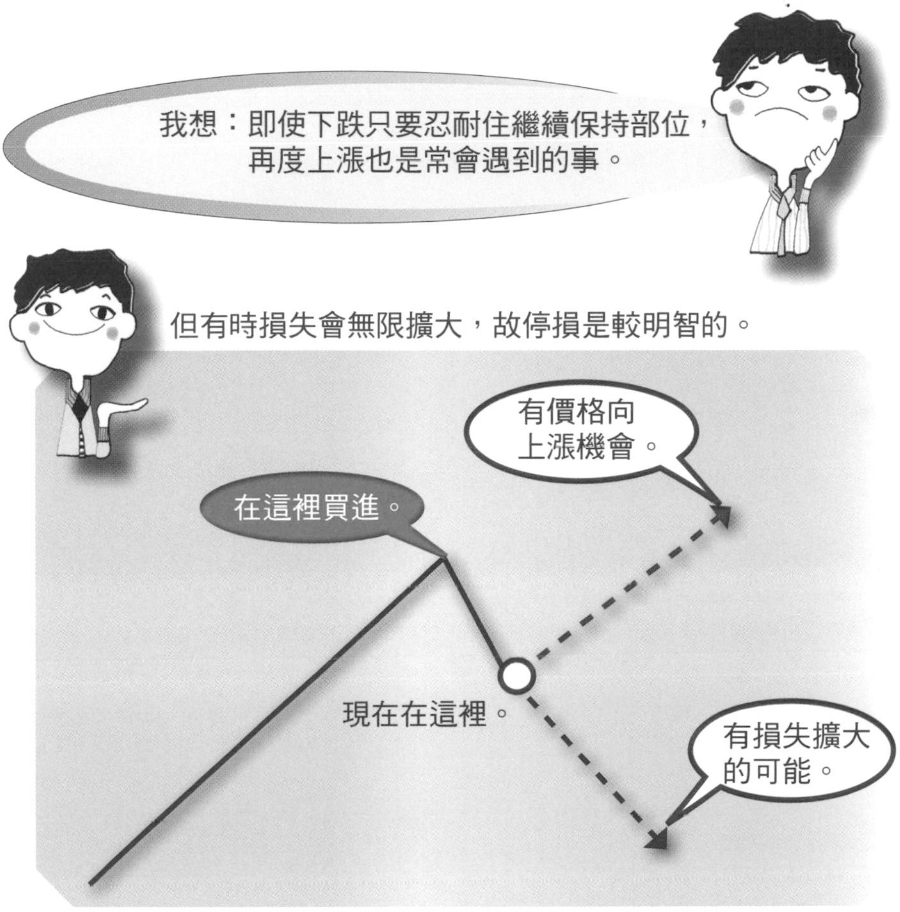

我想：即使下跌只要忍耐住繼續保持部位，
再度上漲也是常會遇到的事。
但有時損失會無限擴大，故停損是較明智的。
有價格向
上漲機會。
在這裡買進。
現在在這裡。
有損失擴大
的可能。

↓

如果指數不回升，出現大損失的話，
資金就會減少，使交易變得不易進行。

↓

對交易人而言，資金等同於「賺錢的
工具」，故不可讓其減少或消失！

Point ▶　停損，是爭取另一個新的獲利機會。

▶*Point* ***04*** 累積小賺一次大賠的輸錢類型

經過前面的解釋，投資人應該可以了解做停損的重要性吧！

本節再使用具體的例子加以說明。

例如，交易 10 次，結果是 8 勝 2 敗。

整體而言，你們認為有賺錢嗎？

「勝 8 次的話，當然有賺錢吧！」

是這樣嗎？

勝 8 次，每次各賺 10 點。剩下的 2 次，各出現 100 點的損失……整體而言，還是輸了 120 點。

未做停損而輸錢類型就是像這個樣子，即「累積小賺一次大賠」。多次累積的獲利，在未做停損的一次交易中，就此飛走了。不論是期貨或股票，此種類型都是相同的。

因此，做為一個投資人，一定不能讓自己成為這種輸錢類型的一員。

▶ 圖 04　「累積小賺一次大賠」的類型

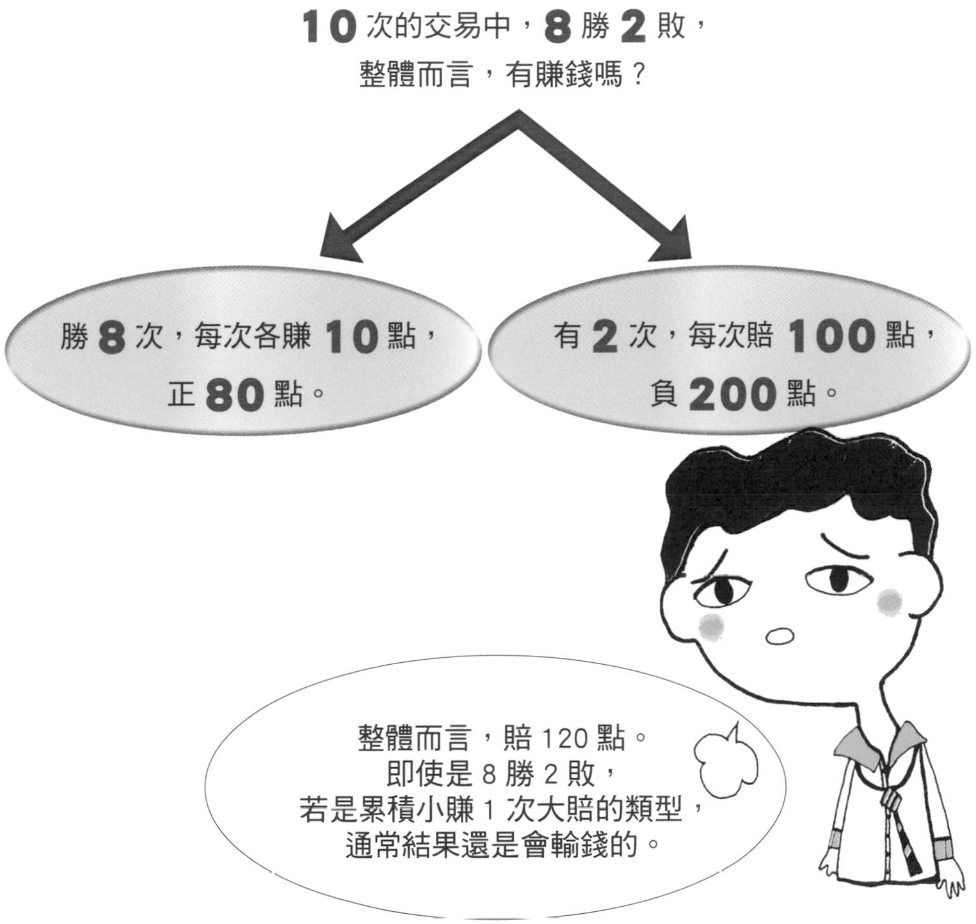
10 次的交易中，8 勝 2 敗，
整體而言，有賺錢嗎？
勝 8 次，每次各賺 10 點，
正 80 點。
有 2 次，每次賠 100 點，
負 200 點。
整體而言，賠 120 點。
即使是 8 勝 2 敗，
若是累積小賺 1 次大賠的類型，
通常結果還是會輸錢的。

Point ▶ 1 次交易的大賠將會使其他交易獲利消失殆盡。

▶Point 05 無法做停損是心理上的問題

「雖然了解做停損的重要性，但真正遇到狀況時，卻無法做到」。

這種人事實上是很多的。

在交易中想要賺錢，雖然知道做停損是重要的，但真正遇到狀況時，卻不去做停損。總會找個理由，繼續持有已出現帳面損失的部位。包括取消已經遞出的停損單，或變更原先的指定價。這樣一來，就永遠都無法成為投資的勝利組。

事實上，幾乎每位有過期貨交易的人都曾經做過類似不甘停損的事，當然，大多數人都會在事後感到很懊惱。

與其說停損是交易技術上的問題，不如說是 EQ 上的問題。

有不少的期貨投資人都是在未即時停損這件事上受過很大的教訓之後才願意面對的，其實，新手不一定要等到跌得頭破血流了才來面對它，只要有清醒的頭腦、正確的判斷與堅強的意志，在一開始就把停損當成是交易的一部份，要把停損這件事做好也不難。

右頁列出無法停損的情況與對應的方法。下次若讀者在停損這一個點上總是做不好，就請翻開這一頁吧！

▶ 圖 05　**無法執行停損的三種類型與對應的方法**

事例 1

繼續持有出現帳面損失的部位

因應方法

繼續持有出現帳面損失的部位是相當痛苦的事。與其忍耐那種痛苦，不如平倉再找另外的介入機會，這樣做在精神上比較輕鬆，資金效率也比較好。

務必遞出停損單

事例 2

刻意取消停損單

因應方法

請再度思考為什麼要遞出停損單呢？
即使取消單子，未來真的有獲利，但那是「錯誤的交易」。若想成為投資界的「勝利組」，應養成「正確交易」的習慣。

不要取消停損單

事例 3

變更停損單的指定價

因應方法

除非是在追蹤停損 / 追蹤停利，否則遇到行情不如預期時，不可為了避免停損而變更指定價。換句話說，不要變更停損單的指定價。

不要變更停損單的指定價

Point ▶ 以「堅強的意志」克服心理上的障礙。

▶Point 06 停損的時機

初學者應該不太知道停損的時機吧！

關於時機，會依交易風格、資金量及槓桿倍數而有所不同。

想獲得大價差的人，風險也要稍微加大，所以停損點就不能設太小。相反地，只想賺取小價差的人，風險也要設定較小才行，應儘早做停損。

此外，當「資金量少」或「有高的槓桿倍數」時，由於無法承擔高風險，也應儘早做停損。

雖然早一點做停損比較好，但若只是損失３點、５點就進行停損的話，有時會錯過賺錢的機會。而且頻頻停損，累積小損失外加手續費也是一筆極可觀的數字。

「那麼，要在什麼時候做停損比較好呢？」

只有這件事，甚至連一個大致的標準都沒有。請自己實際交易看看，再決定停損的時機。

▶ 圖 06　**做停損有最適當的時機嗎？**

自己實際交易看看，再決定停損的時機。

關於停損的時機，
因為依交易風格、資金量及槓桿倍數
而有所不同，故不能一概而論。

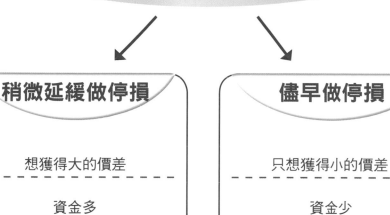

稍微延緩做停損	**儘早做停損**
想獲得大的價差	只想獲得小的價差
資金多	資金少
低的槓桿倍數	高的槓桿倍數

Point ▶ 依交易者可承受的風險不同，停損設定也不同。

▶Point 07 攤平是有效的嗎？

期貨交易還有一種出現大損失的類型，那就是「攤平」。

所謂「攤平」是指分成數次建立部位，進行交易一事。

例如，小美操作交易台指期，在 8000 點時買進一口，不久行情下跌到 7950，小美再加買進一口，如此，小美一共持有兩口多單，平均價格是 7975 點，在不計算手續費與稅金的前題下，當行情只要回升到 7950 就不算賠。

若小美沒有在 7950 點時「攤平買進」，她原持有的一口台指期必需上漲超過 8000 點才沒有損失。

就像這樣，攤平是藉由分數次建立部位，使持有部位的平均價居於有利地位。

▶ 圖 08　所謂攤平

所謂攤平？

是一種分數次建立部位的交易。

例

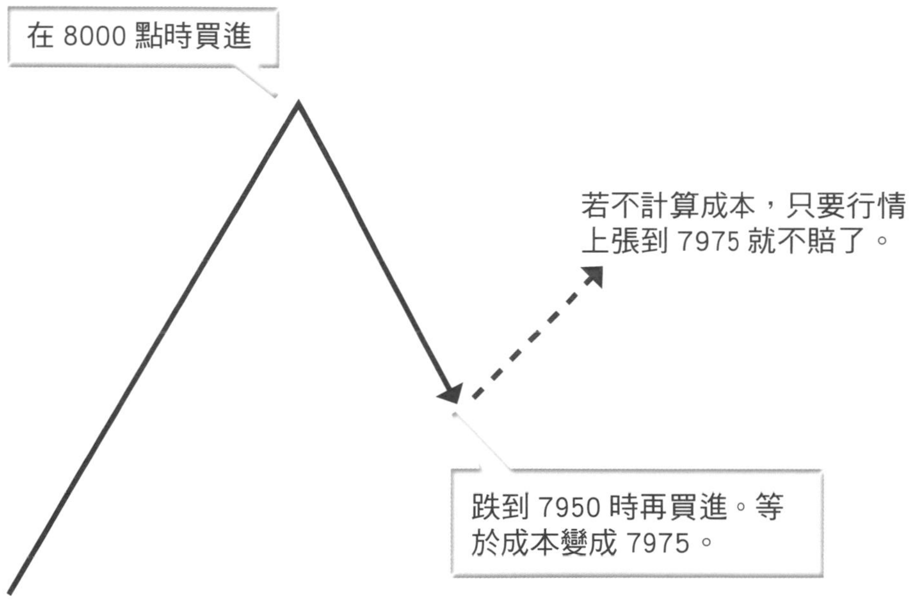

在 8000 點時買進
若不計算成本，只要行情上漲到 7975 就不賠了。
跌到 7950 時再買進。等於成本變成 7975。

第 1 次　以 8000 點買進 1 口。　第 2 次　以 7950 點買進 1 口。

若指數成為 7975（平均買進價）的話，就能夠沒有輸贏。

Point 增加買進降低平均買進價；增加放空提升平均放空價，就是攤平。

▶*Point* ***08*** 攤平可怕之處，有可能擴大損失

「攤平太棒了，做得好的話，可以穩當賺到錢。」

確實有時是如此，但不建議這樣做。因為攤平也有可能遭受大的損失。

就前一節的例子而言，指數買進在 8000 點，若下跌至 7950 就止住了，像這樣指數能回升還算好，但也有可能更進一步下跌。若 7950 不止跌，再跌到 7900，投資人加買一口，再繼續攤平也許還有錢，但若再繼續跌到 7800 點、7700 點呢？

這樣的話，可以忍耐嗎？

若指數無法回升的話，就會遭受極大的損失。因為本來是只買 1 口，隨著價格下跌向下攤平，可能買進 5 口、10 口。

但這並不是說絕對不能做攤平。

若是有計劃性的攤平還是可以的。比方說，本來資金能力與預期就是要買進 10 口的交易，而是隨著行情波動分數次買進，那麼，這樣的交易就是合格的，也是正確的交易方法之一。然而，若原先只決定買 1 口，但因為下跌，不得已而做攤平，像這樣無計劃性的攤平是絕對不可以的。

許多交易人曾因做攤平而遭受大的損失。請勿重蹈覆轍。若已出現帳面的損失，考慮先做停損才是上策！

▶ 圖 09　**攤平的風險**

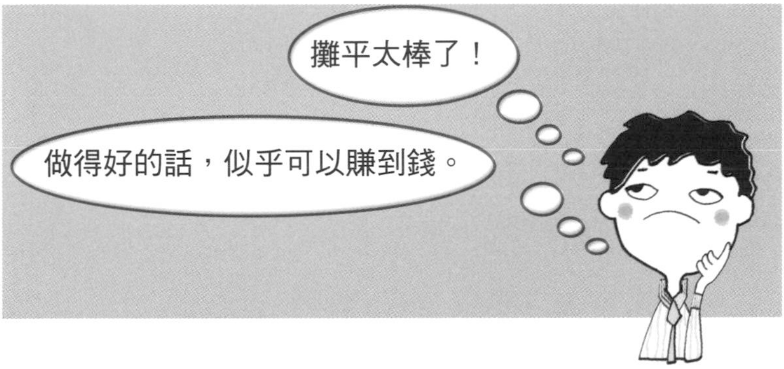

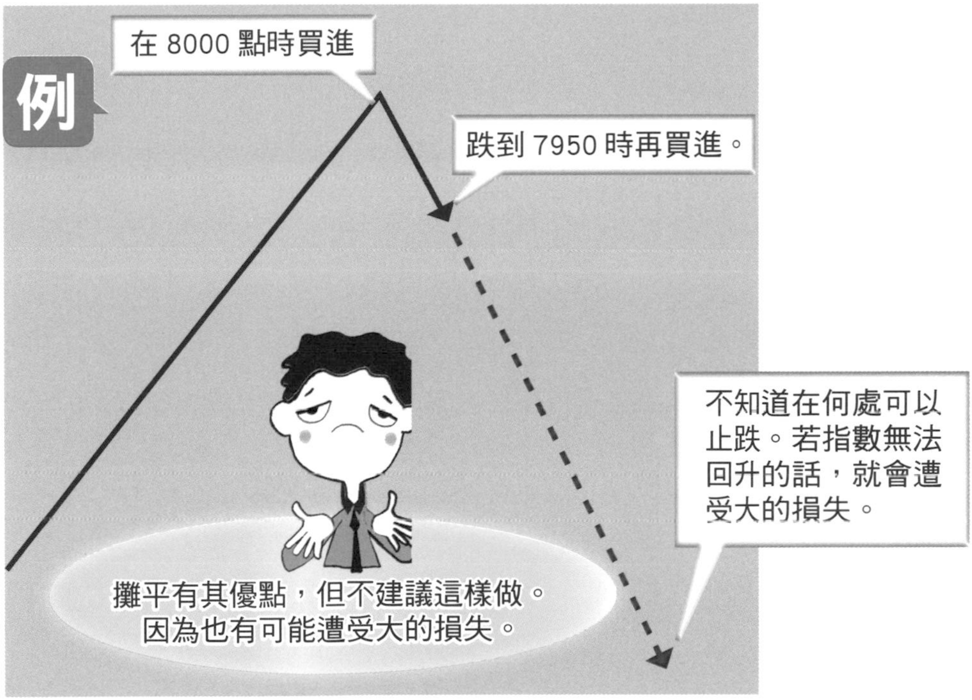

Point▶　嚴格禁止無計劃性的攤平。應果斷地做停損。

▶Point 09 小輸大贏

以下就來學習「高明的勝法」吧！

「高明的勝法」與先前介紹過的輸錢類型相反，即與「累積多次小賺一次大賠」相反，它是一種「小輸大贏」的類型。

輸的時候是小輸，贏的時候是大贏。

雖然這樣說，但假如經常只是想要大賺的話，獲勝的機率就會降低。因此，只有在似乎能增加帳面利益時，才去瞄準較大的獲利。

這是藉由交易使資產增加的秘訣。

然而，說是簡單的，實行起來相當困難。

人類的天性是在稍有獲利時，總會趁獲利未消失之前就平倉，以便讓獲利能夠確定下來。雖然任誰都會有「想要有更多獲利」的心情，但「不想減少看得到的獲利」或「不想有虧損」的心情常常是比較強烈的，這是人類的天性。

好好控制這種「天性」，想成為投資世界裡的「勝利組」，就必需是在能取得獲利的時候，儘可能的持有倉位，讓利潤增加！

▶ 圖 10　小輸大贏

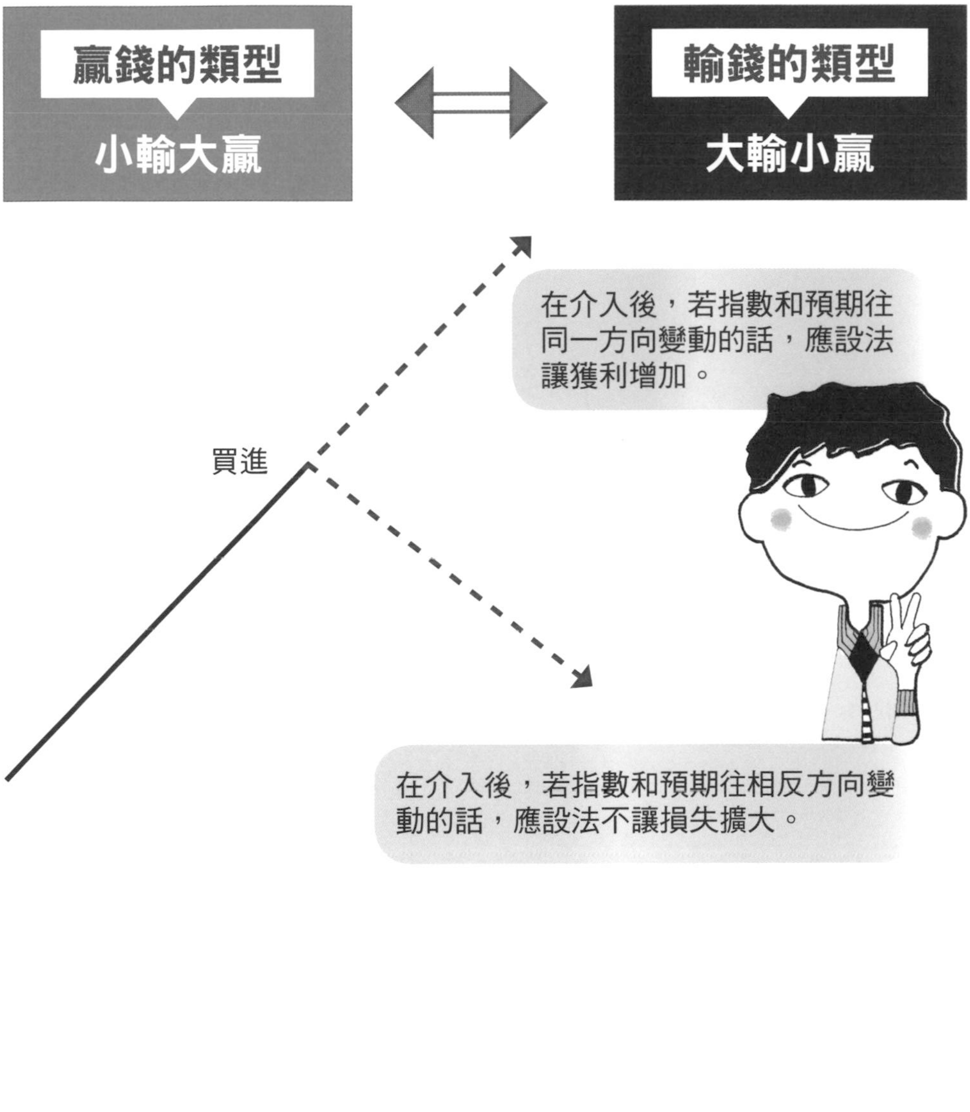

贏錢的類型
小輸大贏
輸錢的類型
大輸小贏
在介入後，若指數和預期往同一方向變動的話，應設法讓獲利增加。
買進
在介入後，若指數和預期往相反方向變動的話，應設法不讓損失擴大。

Point ▶ 當判斷趨勢是強的，別太早做停利，以獲取更大的利益。

▶Point 10　增加獲利的秘訣：讓心有空間

許多期貨投資人都會講同樣的一句話：

「期貨交易是一項修煉！」

關於「心」的層面，這裡就不多說了，但實際交易時，要交易得很順，的確是需要心理狀況好的時候才能獲利。

雖然每人的個性不同，不能一概而論，但「讓心情還有多餘空間」往往是增加獲利的秘訣。

若心情已無多餘的空間，在稍有帳面獲利時，就會想做停利。若心情有多餘空間的話，就會想「因為已經出現帳面獲利，即使再等一下，獲利變少的話也無所謂」，少了必需立刻獲利的急迫性，很自然的就能讓做對了的倉位再多留一些時間，如此，「大賺小賠」的目標就更容易達到了。

那麼，應該怎麼做，才能讓心情有多餘的空間呢？

最重要的是，要先獲得一些勝利。如果能獲勝的話，心情就能有多餘的空間。首先，讓自己先贏 1、2 次，只有小賺也無妨。

在贏 1、2 次後，在下一個交易，當有機會出現帳面獲利時，就可設法增加獲利，即使最後變成沒有輸贏，但因為仍有先前獲利的部份，故不會造成損失。這樣做的話，精神上會比較輕鬆。

很多投資人都反應，在採取這樣的做法後，能得取得「大賺」的日子就增多。

請試著做看看。

▶ 圖 11　**可增加潛在利益的交易**

想增加潛在利益，
心情上必須有多餘的空間。

▼

讓心情有多餘的空間，
最重要的是，要先獲得一些勝利。

例

第 1 次的交易

第 1 次的交易，小賺也無所謂。
總之，是賺的。

▼

第 2 次的交易

第 2 次的交易，小賺也無所謂。
總之，是賺的。

▼

第 3 次的交易

當潛在利益出現時，可設法增加獲利。即使最後變成沒有輸贏，但因為仍有先前獲利的部份，故不會造成損失。

Point ▶ 先累積小贏讓心情有多餘的空間，大賺就變容易了。

▶Point 11　追蹤停損(利)

「追蹤停損(利)」，是期貨投資人常用的手法。

追蹤停損(利)是一種將相反的限定價階段性地提升(或降低)，以增加潛在利益的手法。

用例子來說明就很清楚了。

小美在8000點時買進台指期，行情很順利的上漲到8100點，平倉出場覺得有點可惜，因為研判之後可能還有高點，於是小美在比目前點位稍低的地方設停損點，比方說，第一個停損點設在8080。若行情低於8080，小美獲利80點，但小美還有機會賺取上漲的獲利。

假設行情很順的持續上漲到8200點，小美再設第二個停損點在8180，若行情已經「上」不去了，8180點一到，小美就賺了180點，但它也有可能持續上漲超過8200點。

就像這樣，若指數上升的話，就可提高停損掛單的價格。若指數更加上漲的話，就可增加潛在利益，若下跌的話，由於已下了停損賣出掛單，故能確保獲利。

若巧妙地使用的話，就能確保某種程度的獲利，並且有機會爭取更多潛在利益。

▶ 圖 12　**追蹤停損（利）**

追蹤停損（利）？

是一種階段性地改變停損價，以增加潛在利益的交易方式。

買進部位的情況　隨著指數的上升，階段性地提升停損掛單的價格。

賣出部位的情況　隨著指數的下跌，階段性地降低停損掛單的價格。

例

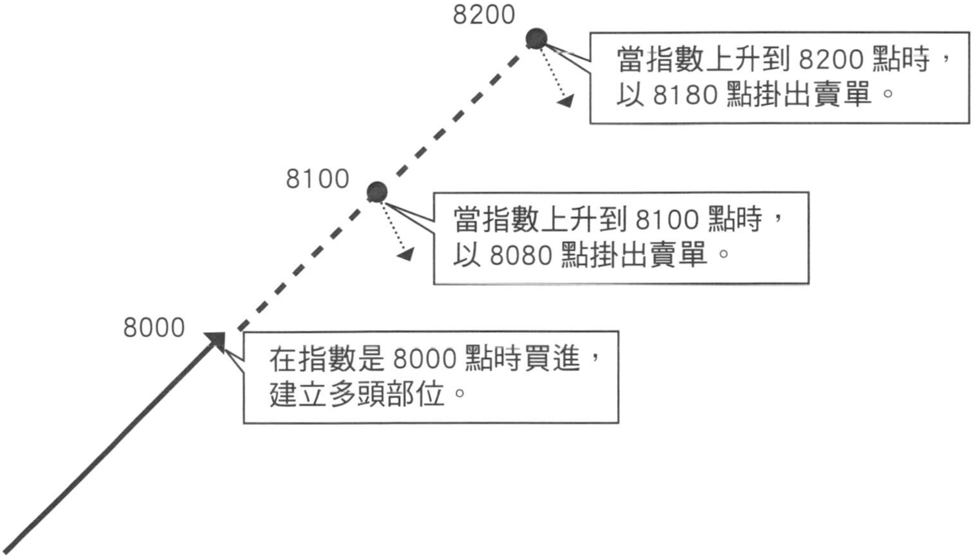

8200
當指數上升到 8200 點時，
以 8180 點掛出賣單。
8100
當指數上升到 8100 點時，
以 8080 點掛出賣單。
8000
在指數是 8000 點時買進，
建立多頭部位。

Point ▶　以追蹤停損，增加潛在的利益。

▶Point 12　結算與重要經濟指標公佈時的對策

投資的風險無所不在，尤其是像期貨這一類高槓桿商品，交易人更需具備「與風險共舞」的警覺性。投資者除了要提防前面所講的「騙線」之外，另外對於影響行情甚鉅的「結算」與「經濟指標公布」這兩件事，也都要事先擬好因應之道。

當然，最簡單的因應方式就是重要指標公布日期與結算日空手不交易。

或者換個角度說，已經預知某一天有重要經濟指標要公布，或遇到結算日，前一個交易日就不留倉。

至於本書所提的交易規則還適用嗎？

對當沖者來說，這一套規則還是適用的，但若不是當沖操作，這一套規則就完全不適用。非當沖者若是已經依照規則進場布局了，一定要在結算日與重要指標公布前清空倉位。這是保護資金非常重要的一個原則，投資人一定要記住。

因為若投資人所留的倉位方向與行情走向不一致的話，很可能會產生非常大的虧損，只要投資人不小心遇到一次的話，有可能會失去過多的本金，這是很大的風險。

・國家圖書館出版品預行編目資料

台指期當沖 / 新米太郎，文喜 合著.
臺北市：恆兆文化，2013.03
144面；18公分×25.2公分（期貨超入門系列；1）
ISBN 978-986-6489-45-7（平裝）
1.期貨交易 2.期貨操作 3.投資技術

563.534 102002780

期貨超入門 1 台指期當沖

出版所 恆兆文化有限公司
Heng Zhao Culturc Co.LTD
www.book2000.com.tw
發行人 張正
作者 新米太郎，文喜
封面設計 尼多王
插畫 韋懿容
電話 ＋886-2-27369882
傳真 ＋886-2-27338407
地址 台北市吳興街118巷25弄2號2樓
110,2F,NO.2,ALLEY.25,LANE.118,WuXing St.,
XinYi District,Taipei,R.O.China
出版日期 2013/03初版
ISBN 978-986-6489-45-7（平裝）
劃撥帳號 19329140 戶名 恆兆文化有限公司
定價 299元
總經銷 聯合發行股份有限公司 電話 02-29178022

MA10 761.98
MACD9
D(9,3) 33.84
RSI 12 34.19